SEMITIC STUDY SERIES

EDITED BY

RICHARD J. H. GOTTHEIL and MORRIS JASTROW Jr.

Columbia University. University of Pennsylvania.

SEMITIC STUDY SERIES

EDITED BY

RICHARD J. H. GOTTHEIL and MORRIS JASTROW Jr.
Columbia University. University of Pennsylvania.

N⁰. VI.

SELECTIONS FROM THE

ṢAḤĪḤ OF AL-BUḪĀRĪ

EDITED WITH NOTES

BY

CHARLES C. TORREY,
Professor of Semitic Languages in Yale University.

WIPF & STOCK · Eugene, Oregon

Wipf and Stock Publishers
199 W 8th Ave, Suite 3
Eugene, OR 97401

Selections from The Sahih of Al-Buhari
Edited with Notes
By Torrey, Charles C.
ISBN 13: 978-1-60608-751-0
Publication date 5/8/2009
Previously published by E. J. Brill, 1906

INTRODUCTION

Abū ᶜAbdallāh Muḥammad ibn Ismāᶜīl al-Buḫārī was born in Buḫārā (Bokhara) in the year 194 A.H. (A.D. 810). From his youth he was interested in the study of tradition. Making the pilgrimage to Mekka and Medina when only sixteen years of age, he enjoyed the instruction of the celebrated teachers of tradition in those two cities; and thereafter, for a period of sixteen years, he devoted himself continuously to the pursuit of this subject, traveling for the purpose over the greater part of the Mohammedan world. At the end of this time he returned to Buḫārā, where he composed his great work, entitled The Jāmiᶜ aṣ-Ṣaḥīḥ, or "Collector of the Authentic [Traditions]". He was the first of the many who had brought together such material to attempt to sift it rigorously by the employment of formal canons. This sifting process was a very useful one, so far as it went, and Buḫārī's collection has remained the standard one from that day to this. His book, as completed, contains more than seven thousand traditions, though by excluding those which are repeated its number is reduced to four thousand. These are said to have been selected from a mass of "six hundred thousand", which were more or less widely current in his day. Buḫārī enjoyed a great reputation for learning during all the latter part of his life, and taught his Ṣaḥīḥ to a large number of pupils. He died in the year 257 A. H. (A. D. 870).

The Mohammedan Ḥadīṯ literature had its beginnings in scattered collections of the sayings of the Prophet. These collections were for a long time merely accidental, and often very carelessly made; they were in no way official or normative. Oral tradition still maintained its supremacy. But with the growth and the severe testing of Muslim institutions, the advantage of being able to refer to the words and habits of the Prophet himself came to be felt in increasing degree. Thus it came about that more ambitious and comprehensive collections were formed. The first important work of this nature was the Muwaṭṭaʾ of Mālik ibn Anas († 179 A. H.). This was not, however, purely a compilation of traditions, but rather a sort of compendium of law and usage as acknowledged in Medina. Its author is very often cited by Buḫārī simply as مالك.

Up to this time no great attention had been paid to the trustworthiness of the men with whom the traditions originated, and through whom they had been handed down. Now came a period in which the "chain of authorities" (isnād) was itself subjected to criticism. The collections now made were termed Musnads, the chief emphasis lying, as the name implies, on the reporters of the traditions. These latter were arranged simply according to the authorities (Companions of the Prophet) who had handed them down. The most important of these works was the Musnad of Aḥmad ibn Ḥanbal († 241 A. H.).

A third and still more important class comprised the so-called Muṣannaf collections, i. e., collections classified according to subject matter. This was a necessary step in the growth of the literature. The influence of these traditions had been steadily increasing; and as Mohammedan law developed, and especially as rival schools fiercely opposed to one another grew up, it was inevitable that the words and customs of Mohammed should be given greater and greater weight, until they came to be placed beside the Koran as one of the two prime sources of authority. Thus the need of a practically arranged and trustworthy corpus of the Ḥadīṯ literature was found to be imperative. It was with the specific aim of supplying this need that Buḫārī's Ṣaḥīḥ was composed, and its paragraphs (ابواب) were intended to cover pretty much the whole range of Mohammedan jurisprudence (fiqh). The paragraph-headings (تَراجِم) were first written down, and then the traditions were inserted in their appropriate places. The proof of this is seen in the fact that not a few of these bābs have remained empty, the title standing alone without any accompanying ḥadīṯ. (Examples contained in the present Selections are mentioned below). The main division of the material into "books" (كُتُب) is logical and generally convenient, and the whole work is one of the greatest importance for the study of early Mohammedanism and Arabian civilization.

Another work of this same Muṣannaf class, little inferior to that of Buḫārī, and in some ways superior to it, is the Ṣaḥīḥ of Muslim ibn al-Ḥajjāj († 261 A.H.). Although not regarded by Mohammedans as of equal authority, it is nevertheless highly esteemed. It was made with equally painstaking criticism of the material, and contains about the same number of traditions, exclusive of repetitions. The two works are often referred to together, as "The Two Ṣaḥīḥs" (الصحيحان).

For this whole subject of Mohammedan tradition the student may be referred to the very thorough discussion by Goldziher, in his *Muhammedanische Studien* (Halle, 1889—90), II. pp. 1—274; for Buḫārī's Ṣaḥīḥ in particular, pp. 234—245; and the literature there cited. See, further, Muir's *Life of Mohammed*, I. pp. xxviii—lxxxviii; and Sprenger's *Das Leben und die Lehre des Mohammad*, III. pp. lxxvii—civ.

The text of Buḫārī's Ṣaḥīḥ has, in general, been very carefully preserved. There are, however, slightly differing recensions. The one of these which is now in general use — so widely used, in fact, as to constitute a "textus receptus" — is the recension of Muḥammad al-Yūnīnī, † 658 A. H. (1260 A.D.). The Ṣaḥīḥ has been frequently printed. The very carefully vocalized edition (nine vols.) with marginal notes of variant readings, printed in Būlāq in 1314 A. H., is especially worthy of notice. The incomplete edition by KREHL (*Recueil de traditions musulmanes*, three vols., Leyden, 1862—68) represents the important recension of Abū Ḏarr, which shows a frequent verbal variation from the "standard" text. Among the many commentaries on the Ṣaḥīḥ, the Fatḥ al-Bārī of Ibn Ḥajar al-ᶜAsqalānī † 852 A. H., printed in fifteen vols. at Būlāq, 1301 A. H.; the ᶜUmdat al-Qārī of al-ᶜAinī † 855, eleven vols., Constantinople, 1308; and the Iršād as-Sārī of al-Qasṭallānī † 923, ten vols., Būlāq, 1305, may be mentioned here. The last-named of these is especially useful. See further BROCKELMANN, *Geschichte der arabischen Litteratur*, I. pp. 158 f.

In making the selection of passages for the present edition I have aimed to give the student some idea of the scope and method of the Ṣaḥīḥ, and at the same time to provide interesting reading. I am confident that the latter object, at least, has been attained, and I believe that the traditions here collected will also be seen to be truly representative. This little chrestomathy may therefore be found useful to those who are beginning the study of Mohammedanism, as well as to students of the Ḥadīṯ literature in general. The importance of these traditions as specimens of classical Arabic is of course obvious. I have avoided using material likely to be employed in other text books of this Series. It is for this reason, chiefly, that I have passed by altogether the interesting divisions تفسير القرآن and المغازى. I have tried to illustrate, so far as possible, the important peculiarities of composition of the works of this class, and of this one in particular. One book, viz. the كتاب الكفالة (pp. ٢١, ff.), has been given without abridgment. Examples of characteristic defects, such as chapter-heading without accompanying tradition (pp. ٣, ٥٧); tradition without chapter-heading (٣, 6); misplacement of titles (٥٧, 1), etc., have also been included. Two of the longer traditions are given, viz. those relating to the ʿĀʾiša scandal (٣٥—٤٠) and to the Treaty of Ḥudaibiya (٤١—٤٩), each one a most interesting and instructive specimen of old Arabic narrative.

I have nearly everywhere followed the "standard" text of al-Yūnīnī, though I have not hesitated to introduce a few readings of the Abū Ḏarr recension where these seemed preferable for one reason or another. In one case (see the note to p. ٥٥, 1 f.), where the traditional texts are more or less corrupt, I have followed the reading attested by all the native lexicographers [1]).

---

1) See especially the *Lisān al-ʿArab* s. v. خضر, vol. 5, p. ٣٣٠, above.

In the vocalization of words I have invariably followed the tradition of the commentators on the Ṣaḥīḥ.

The Notes are given with the sole purpose of helping students to understand the text. With their aid, and that of any small hand-lexicon, the student who has already made a beginning in Arabic should be able to make his way through the book with comparative ease. Unusual words, not found in the smaller dictionaries, I have translated. Limitations of space have rendered impossible any comment on the isnāds, important as that is. This lack, however, will presumably be supplied by the teacher. The student himself, moreover, will soon become acquainted, in his own reading, with the most common names and the order in which they stand. In this way, as well as through his reading of the literature cited above, he will gain some knowledge of the characteristics of the "Companions" who are most often cited, learning which ones are the most trustworthy, and why any tradition is to be suspected in advance which bears such names as those of Ibn ʿAbbās and Abū Huraira. The numerous references to the grammars of Wright-de Goeje and Caspari-Müller will probably not be unwelcome.

New Haven, Conn. Charles C. Torrey.

April, 1906.

INDEX.

من الجامع الصَحيح للبُخاريّ

من كتاب الأَذان

باب سُنّة الجلوس فى التشهُّد حدثنا يَحْيَى بن بُكَير قال حدثنا الليث عن خالد عن سَعيد هو ابن أَبى هِلال عن محمد بن عمرو بن حَلْحَلَة عن محمد بن عمرو بن عَطاء * وحدثنا الليث عن يزيد بن أَبى حَبيب ويزيد بن محمد عن محمد بن عمرو ابن حَلْحَلة عن محمد بن عمرو بن عَطاء أنه كان جالسا مع نَفر من أصحاب النبى صلّعم فذَكَرْنا صلاة النبى صلّعم فقال أبو حُميد الساعدىُّ أَنا كنتُ أَحْفَظَكم لصلاة رسول الله صلّعم رأيتُه إذا كبّر جعل يدَيْه حِذاءَ مَنْكِبَيْه واذا ركع أَمْكن يديه من رُكْبتيه ثم هَصَر ظهرَه فاذا رفع رأسَه آستوى حتى يعودَ كلُّ فَقارٍ مكانَه فاذا سجد وضع يديه غيرَ مُفْترِشٍ ولا قابضِهما واستقبل بأَطْراف أَصابع رِجْلَيْه القِبْلَةَ فاذا جلس فى الرَّكعتين جلس على رِجْله اليُسْرَى ونصب اليُمْنَى واذا جلس فى الركعة الآخِرة قدّم رجله اليسرى ونصب الأُخرى وقعد على مَقْعدته * وسمع الليثُ يزيدَ بن أبى حبيب ويزيدُ من محمد بن حلحلة وابنُ حلحلة من ابن عطاء * قال ابو صالح عن الليث كلّ فقار مكانه وقال ابن المبارك عن

يحيى بن أَيّوب قال حدثنى يزيد بن أبى حبيب أنّ محمّد ابن عمرو بن حلحلة حدثه كلّ فقار٭

من كتاب الصَّوْم

باب فَضْلِ الصوم حدثنا عبد اللّه بن مَسْلمة عن مالك عن أبى الزِناد عن الأَعْرَج عن أبى هُريرة ان رسول اللّه صلّعم قال الصِيامُ جُنّة فلا يرفُثْ ولا يجهَلْ وإِنِ امْرؤٌ قاتَله أو شاتَمه فليقُلْ إِنّى صائم مرّتَيْن والذى نفسى بيده لَخُلوفُ فمِ الصائمِ أَطْيَبُ عند اللّه من ريح المِسْك يترك طعامَه وشرابَه وشهوتَه من أجلى الصيامُ لى وأنا أَجْزِى به والحَسَنة بعشر أمثالها ، باب الصومُ كفّارة حدثنا علىّ بن عبد اللّه حدثنا سُفيانُ حدثنا جامع عن ابى وائل عن حُذيفة قال قال عمر مَن يَحْفظ حديثا عن النبى صلّعم فى الفِتْنة قال حُذيفة أنا سمعتُه يقول فتنة الرجلِ فى أهله وماله وجاره تكفّرها الصلاةُ والصيام والصَدَقة قال ليس أسألُ عن ذه وانما أسأل عن التى تموج كما يموج البحرُ قال حُذيفة وإنّ دون ذلك بابا مُغْلَقا قال فيُفْتَح أو يُكْسَر قال يكسر قال ذاك أَجْدَرُ أن لا يُغْلَق الى يوم القيامة فقُلْنا لمسروقٍ سَلْه أكان عمرُ يَعْلم مَن البابُ فسأله فقال نعم كما يعلم أن دون غدٍ الليلةَ ، باب الرَّيّان للصائمين حدثنا خالد بن مَخْلَد حدثنا سليمان بن بلال قال حدثنى أبو حازم عن سَهل عن النبى صلّعم قال إنّ فى

الجنّة بابًا يقال له الرّيّانُ يَدْخل منه الصائمون يومَ القيامة لا يدخل منه أحدٌ غيرهم يقال أَيْن الصائمون فيقومون لا يدخل منه أحد غيرهم فإذا دخلوا أُغْلِقَ فلم يدخلْ منه أحدٌ ۞

من كتاب الزكوة

باب حدّثنا موسى بن إسمعيل حدثنا أبو عَوانة عن فِراس عن الشَعْبىّ عن مسروق عن عائشة رضى الله عنها أنّ بعضَ أزواج النبى صلّعم قُلْنَ للنبى صلّعم أيُّنا أَسْرَعُ بك لُحوقا قال أَطْوَلُكنّ يدًا فأخذوا قَصَبةً يذرعونها فكانت سَوْدةُ أطولَهن يدا فعلمنا بعدُ أنما كانت طولَ يدها الصَدَقةُ وكانت أسرعَنا لحوقا به وكانت تُحبّ الصدقةَ ». باب صدقة العلانيةِ وقوله الذين يُنْفِقون أموالَهم بالليل والنهار سِرًّا وعلانيةً الى قوله وَلا هُم يَحْزَنون ». باب صدقة السِرّ وقال أبو هُريرة عن النبى صلّعم ورجلٌ تَصدّق بصدقة فاخفاها حتى لا تَعْلَمَ شمالُه ما صنعت يمينُه وقوله إن تُبدوا الصَدَقات فنعِمّا هى وإن تُخْفوها وتؤتوها الفُقَراءَ فهو خيرٌ لكم الآيةَ ». باب واذا تَصدّق على غَنىّ وهو لا يعلم حدّثنا أبو اليمان أخبرنا شُعيب حدثنا أبو الزِناد عن الأعرج عن أبى هُريرة ان رسول الله صلّعم قال قال رجل لَأَتصدّقنّ بصدقة فخرج بصدقته فوضعها فى يدِ سارقٍ فاصبحوا يتحدّثون تُصُدِّقَ

علی سارق فقال اللهمّ لك الحمدُ لأَتصدّقنّ بصدقة فخرج بصدقته فوضعها فی ید زانیة فاصبحوا یتحدّثون تُصُدّق اللیلةَ علی زانیة فقال اللهمّ لك الحمد علی زانیة لأَتصدّقنّ بصدقة فخرج بصدقته فوضعها فی ید غنیّ فاصبحوا یتحدّثون تصدّق علی غنیّ فقال اللهمّ لك الحمد علی سارق وعلی زانیة وعلی غنیّ فأُتِیَ فقیل له أمّا صدقتُك علی سارق فلَعَلّه ان یستعفّ عن سَرِقته وأمّا الزانیةُ فلعلّها أن تستعفّ عن زِناها وأمّا الغنیُّ فلعلّه یعتبر فیُنْفِق ممّا أعطاه اللّهُ ۞

من كتاب الأَطْعِمة

باب قول اللّه تعالی كُلوا من طیّبات ما رزقناكم وقوله أَنْفِقوا من طیّبات ما كسبتم وقوله كلوا من الطیّبات واعملوا صالحا إنی بما تعملون علیم حدثنا محمد بن كَثیر أخبرنا سُفْیان عن منصور عن أبی وائل عن أبی موسی الأشعریّ عن النبی صلّعم قال أَطْعِموا الجائعَ وعُودوا المریضَ وفكّوا العانی قال سفیان والعانی الأسیر حدثنا یوسف بن عِیسَی حدثنا محمد بن فُضیل عن أبیه عن أبی حازم عن أبی هُریرة قال ما شبع آلُ محمد صلّعم من طعام ثلاثةَ أیّام حتی قُبِضَ وعن أبی حازم عن أبی هریرة قال أصابنی جهدٌ شدید فلقیتُ عمر بن الخطّاب فاستقرأْتُه آیةً من كتاب اللّه فدخل داره وفتحها علَیَّ فمشیت غیر بعید فخررت لوَجْهی من الجهد

والجوع فاذا رسول الله صلعم قائم على رأسى فقال يا أبا هريرة فقلت لبّيك رسولَ الله وسعدَيْك فأخذ بيدى فأقامنى وعرف الذى بى فانطلق بى الى رحله فامر لى بعُسّ من لبن فشربت منه ثم قال عُدْ يا أبا هِرٍّ فعُدتُ فشربت ثم قال عد فعدت فشربت حتى استوى بَطْنى فصار كالقدح قال فلقيت عمر وذكرت له الذى كان من أمرى وقلت له تولّى اللهُ ذلك مَن كان أحقّ به منك يا عمر والله لقد استقرأتك الآيةَ ولأنا أقرأُ لها منك قال عمر والله لأن أكون ادخلتُك أحبُّ الىّ مِن أن يكون لى مثلُ حُمْرِ النَعَم"

باب ما كان النبى صلعم لا يأكل حتّى يسمّى له فيعلم ما هو حدثنا محمد بن مُقاتل أبو الحسن أخبرنا عبد الله أخبرنا يونس عن الزُهرىّ قال أخبرنى أبو أُمامة بن سهل بن حُنيف الأنصارىُّ ان ابن عبّاس أخبره ان خالد بن الوليد الذى يقال له سيفُ الله أخبره انه دخل مع رسول الله صلعم على مَيْمونة وهى خالتُه وخالة ابن عبّاس فوجد عندها ضَبًّا محنوذا قَدِمتْ به أختُها حُفيدة بنت الحٰرث من نجد فقدّمت الضبَّ لرسول الله صلعم وكان قَلّما يقدّم يدَه لطعام حتى يحدَّثَ به ويسمّى له فأهوى رسول الله صلعم يدَه الى الضبّ فقالت امرأة من النسوة الحضور أخْبِرْنَ رسولَ الله صلعم ما قدّمتنّ له هو الضبّ يا رسول الله فرفع رسول الله صلعم

يده عن الضبّ فقال خالد بن الوليد أَحَرامٌ الضبُّ يا رسول الله قال لا ولكن لم يكن بأرض قومى فأَجِدُنى أَعافُه قال خالد فاجتررتُه فأكلتُه ورسول الله صلّعم ينظر الىّ، باب التَّلْبِينة حدثنا يحيى بن بُكير حدثنا الليث عن عُقيل عن ابن شِهاب عن عروة عن عائشة زوج النبى صلّعم أنها كانت إذا مات الميّت من أهلها فاجتمع لذلك النساء ثم تفرّقْنَ الّا أهلَها وخاصّتَها أمرت ببُرْمة من تلبينة فطُبخت ثم صُنع ثريد فصُبّت التلبينةُ عليها ثم قالت كُلْنَ منها فانى سمعت رسول الله صلّعم يقول التلبينة مُجِمّة لفؤاد المريض تذهب ببعض الحزن، باب الثريد حدثنا محمد بن بَشّار حدثنا غُنْدَر حدثنا شعبة عن عمرو بن مُرّة الجَمَلىّ عن مُرّة الهمدانىّ عن أبى موسى الاشعرىّ عن النبى صلّعم قال كَمَلَ من الرجال كثيرٌ ولم يَكمل من النساء الّا مَرْيم بنت عمران وآسية امرأة فِرْعَوْنَ وفضل عائشة على النساء كفضل الثريد على سائر الطعام، باب ما يُكْرَه من الثُّوم والبُقول فيه عن ابن عمر عن النبى صلّعم حدثنا مسدّد حدثنا عبد الوارث عن عبد العزيز قال قيل لأنَس ما سمعتَ النبى صلّعم يقول فى الثوم فقال مَن أكل فلا يَقْربَنّ مسجدَنا حدثنا علىّ بن عبد الله حدثنا أبو صَفْوان عبد الله بن سعيد أخبرنا يونس عن ابن شِهاب قال حدثنى عَطاء أن

جابر بن عبد الله زعم عن النبى صلعم قال من أكل ثوما أو بَصَلا فليعتزِلْنا أو ليعتزِلْ مسجدَنا ، باب لَعْقِ الاصابع ومَصِّها قبل أن تُمسح بالمنديل حدثنا علىّ بن عبد الله حدثنا سفيان عن عمرو بن دِينارٍ عن عطاء عن ابن عبّاس أن النبى صلعم قال اذا أكل أحدكم فلا يَمْسَحْ يده حتى يَلْعَقَها أو يُلْعِقها ، باب المِنْديل حدثنا إبراهيم ابن المُنْذر قال حدثنى محمد بن فُليح قال حدثنى أبى عن سعيد بن الحرث عن جابر بن عبد الله انه سأله عن الوُضوء ممّا مسّت النارُ فقال لا قد كُنّا زمانَ النبى صلعم لا نجد مثلَ ذلك من الطعام الّا قليلا فاذا نحن وجدناه لم يكن لنا مناديل إلّا أَكُفَّنا وسَواعِدَنا وأقدامَنا ثم نصلّى ولا نتوضّأ ، باب ما يقال اذا فرغ من طعامه حدثنا أبو نُعيم حدثنا سفيان عن ثور عن خالد بن مَعْدان عن أبى أُمامة أن النبى صلعم كان اذا رفع مائدتَه قال الحمدُ لله كثيرًا طيّبا مباركا فيه غيرَ مَكْفِيّ ولا مودَّعٍ ولا مستغنًى عنه رَبَّنا حدثنا أبو عاصم عن ثور بن يزيد عن خالد بن معدان عن ابى أمامة ان النبى صلعم كان اذا فرغ من طعامه وقال مرّةً اذا رفع مائدته قال الحمد لله الذى كفانا وأروانا غير مكفىّ ولا مكفور وقال مرّة لك الحمد ربّنا غير مكفىّ ولا مودَّع ولا مستغنى ربّنا ۞

من كتاب الشُرْب

باب فَضْلِ سقى الماء حدثنا عبد الله بن يوسف أخبرنا مالك عن سُمَىّ عن أبى صالح عن أبى هُرَيرة ان رسول الله صلّعم قال بينا رجل يمشى فاشتدّ عليه العطش فنزل بئرًا فشرب منها ثم خرج فاذا هو بكلب يَلْهث يأكل الثَرَى من العطش فقال لقد بلغ هذا مثلُ الذى بلغ بى فنزل بئرًا فملأ خُفَّه ثم أمسكه بفيه ثم رَقِىَ فسقى الكلبَ فشكر اللّهُ له فغفر له قالوا يا رسول الله وإنّ لنا فى البهائم أَجْرا قال فى كلّ كبدٍ رطبةٍ أجرٌ * تابعه حمّاد بن سلمة والربيع بن مسلم عن محمد بن زياد حدثنا ابن أبى مريم حدثنا نافع ابن عمر عن ابن أبى مُليكة عن أسماء بنت أبى بكر أن النبى صلّعم صلّى صلاة الكُسوف فقال دَنَتْ منى النار حتى قلتُ أى ربِّ وأنا معهم فاذا امرأة حسبتُ انّه قال تَخْدِشها هِرّةٌ قال ما شأن هذه قالوا حبسَتْها حتى ماتت جُوعًا حدثنا إسمعيل قال حدثنى مالك عن نافع عن عبد الله ابن عمر ان رسول الله صلّعم قال عُذِّبت امرأة فى هرّة حبستها حتى ماتت جوعًا فدخلت فيها النار قال فقال والله أعلم لا أنتِ أطعمتِيها ولا سقيتِها حين حبستيها ولا أنتِ أرسلتيها فاكلتْ من خشاش الارض، باب من رأى أن صاحب الحوض والقِرْبة أحقُّ بمائه حدثنا قُتيبة حدثنا

عبد العزيز عن أبى حازم عن سهل بن سعد قال أُتِىَ رسولُ اللّه صلّعم بقَدَحٍ فشرب وعن يمينه غلامٌ هو أَحْدَثُ القوم والاشياخُ عن يساره قال يا غلام أتأذن لى أن أعطى الاشياخَ فقال ما كنتُ لِأُوثِرَ بنصيبى مِنْك أحدًا يا رسول اللّه فاعطاه إيّاه حدثنا محمد بن بشّار حدثنا غُندر حدثنا شُعبة عن محمد بن زياد سمعتُ أبا هريرة عن النبى صلّعم قال والذى نفسى بيده لأَذودنّ رجالا عن حوضى كما تُذاد الغريبةُ من الابل عن الحوض حدثنا عبد اللّه ابن محمد أخبرنا عبد الرزّاق أخبرنا مَعْمر عن أيّوب وكَثيرِ ابن كثير يزيد أحدُهما على الآخر عن سعيد بن جُبير قال قال ابن عبّاس قال النبى صلّعم يَرْحَمُ اللّه أُمَّ اسمعيل لو تركت زمزمَ أو قال لو لم تَغْرِفْ من الماء لكانت عينا مَعينا وأقبل جُرْهُمُ فقالوا أتأْذنين أن ننزلَ عندك قالت نعم ولا حقَّ لكم فى الماء قالوا نعم حدثنا عبد اللّه بن محمد حدثنا سُفْيانُ عن عمرو عن أبى صالحٍ السَّمّانِ عن أبى هريرة عن النبى صلّعم قال ثلاثةٌ لا يكلّمهم اللّه يومَ القيامة ولا ينظر اليهم رجل حَلَفَ على سِلْعةٍ لقد أَعْطَى بها أكثر مما أَعْطَى وهو كاذب ورجل حلف على يمين كاذبة بعد العَصْر ليقتطعَ بها مالَ رجل مسلم ورجل منع فضل ماء فيقول اللّه اليوم أمنعك فضلى كما منعتَ فضلَ ما لم تعملْ يداك * قال

على حدثنا سفيان غيرَ مرّة عن عمرو سمع أبا صالح يَبْلغ به النبىَّ صلعم ، باب شَرْب الناس والدوابّ من الانهار حدثنا عبد الله بن يوسف أخبرنا مالك بن أَنَس عن زيد ابن أسلم عن أبى صالح السَمّان عن أبى هريرة أن رسول الله صلعم قال الخيل لرجل أَجْرٌ ولرجل سِتْرٌ وعلى رجل وِزْرٌ فأمّا الذى له أجر فرجلٌ ربطها فى سبيل الله فأطال لها فى مَرْج أو رَوْضة فما أصابت فى طِيَلها ذلك من المرج أو الروضة كان له حَسَنات ولو أنه انقطع طِيَلُها فاستنّت شَرَفًا أو شرفَيْن كانت آثارُها وأرواثُها حسنات له ولو أنها مرّت بنهر فشربت منه ولم يُرِدْ أن يَسْقى كان ذلك حسنات له فهى لذلك أجر ورجل ربطها تغنّيًا وتعفُّفًا ثم لم يَنْسَ حقّ الله فى رِقابها ولا ظهورِها فهى لذلك سترٌ ورجل ربطها فخرًا ورِياءً ونِواءً لأهل الاسلام فهى على ذلك وزرٌ وسُئل رسولُ الله صلعم عن الحُمُرِ فقال ما أُنزل علىّ فيها شىء الّا هذه الآية الجامعة الفاذّة فمن يعملْ مثقال ذرّة خيرًا يَرَه ومن يعملْ مثقال ذرّة شرًّا يره حدثنا ابراهيم بن موسى أخبرنا هشام أن ابن جُريج أخبرهم قال أخبرنى ابن شِهاب عن علىّ بن حُسين بن علىّ عن أبيه حسين بن على عن على بن أبى طالب انه قال أصبتُ شارفًا مع رسول الله صلعم فى مَغْنَم يومَ بدر قال وأعطانى رسول الله صلعم شارفا أُخْرَى فأَنَخْتُهما يوما عند باب

رجل من الانصار وأنا أريد أن أحمل عليهما إِذْخِرًا لأبيعه ومعى صائغ من بنى قَيْنُقاع فاستعينَ به على وليمة فاطمة وحمزةُ بن عبد المطّلب يشربُ فى ذلك البيت معه قَيْنة فقالت * أَلا يا حَمْزَ للشُرُفِ النِواء * فثار اليهما حمزة بالسيف فجبّ أَسْنمتَهما وبَقَر خواصرَهما ثم أخذ من أكبادهما قلتُ لابن شهاب ومِن السَّنام قال قد جبّ أسنمتهما فذهب بها قال ابن شهاب قال علىّ فنظرتُ الى منظرٍ أفظعنى فاتيتُ نبى الله صلّعم وعنده زيد بن حارثة فاخبرته الخبرَ فخرج ومعه زيد فانطلقت معه فدخل على حمزة فتغيّظ عليه فرفع حمزةُ بصره وقال هل أنتم الّا عبيدٌ لآبائِى فرجع رسول الله صلّعم يُقَهْقِر حتى خرج عنهم وذلك قَبْلَ تحريم الخمر ✿

من كتاب الاستقراض وأَداء الدُيون

بابُ الشَفاعة فى وضع الدَيْن حدثنا موسى حدثنا أبو عَوانة عن مُغيرة عن عامر عن جابر قال أُصيب عبد الله وترك عيالا ودَيْنا فطلبتُ الى أصحاب الدَيْن أن يَضَعوا بعضا من دينه فأبوا فاتيت النبى صلّعم فاستشفعت به عليهم فأبوا فقال صَنِّفْ تمرك كلَّ شىء منه على حِدَتِه عِذْقَ ابنِ زيد على حدةٍ واللينَ على حدة والعَجْوةَ على حدة ثم أَحْضِرْهم حتى آتيك ففعلت ثم جاء فقعد عليه وكال لكلّ رجل حتى استوفى وبقى التمر كما هو كأنه لم يُمَسّ وغزوت مع النبى

صلعم على ناضح لنا فأَزْحَفَ الجَمَلُ فتخلّف علىّ فوكزه النبى صلعم من خلفه قال بِعْنيه ولك ظَهْره الى المدينة فلما دنونا استأذنت قلت يا رسول اللّه إنّى حديثُ عهدٍ بعُرْس قال صلعم فما تزوّجتَ بكرًا أم ثَيِّبا قلت ثيّبا أُصيبَ عبدُ اللّه وترك جوارى صغارًا فتزوّجت ثيّبا تعلّمهن وتؤدّبهن ثم قال ائْتِ أهلَك فقدمت فاخبرت خالى ببَيْع الجمل فلامنى فاخبرته باعياء الجمل وبالذى كان من النبى صلعم ووكْزِه إيّاه فلما قدم النبى صلعم غدوت اليه بالجمل فاعطانى ثمن الجمل والجملَ وسَهْمى مع القوم ۞

من كتاب البيوع

بابُ ما جاء فى قول اللّه تعالى فاذا قُضِيَت الصلاةُ فانتشروا فى الارض وٱبتغوا من فَضْل اللّه وٱذكروا اللّه كثيرًا لعلّكم تُفْلِحون واذا رأَوا تجارةً أو لهواً انفضّوا اليها وتركوك قائمًا قُلْ ما عند اللّه خيرٌ من اللهو ومن التجارة واللّهُ خيرُ الرازقين وقوله لا تاكلوا أموالكم بينكم بالباطل إلّا أن تكون تجارة عن تَراضٍ منكم حدثنا أبو اليمان قال حدثنا شُعيب عن الزُهرىّ قال أخبرنى سعيد بن المسيَّب وأبو سَلَمة بن عبد الرحمن انّ أبا هُريرة قال إنّكم تقولون انّ أبا هريرة يُكْثِر الحديث عن رسول اللّه صلعم وتقولون ما بال المهاجرين والانصار لا يحدّثون عن رسول اللّه صلعم بمثل حديث أبى هريرة وإنّ إخوتى من

المهاجرين كان يَشغلهم صَفْق بالاسواق وكنت أَلزمُ رسولَ اللّه صلّعم على ملء بطنى فاشهدُ اذا غابوا واحفظ اذا نسُوا وكان يَشغل اخوتى من الانصار عملُ أموالهم وكنت امرأً مِسْكينا من مساكين الصُفّة أَعى حين ينسَون وقد قال رسول اللّه صلّعم فى حديث يحدّثه أنه لن يَبْسطَ أحدٌ ثوبَه حتّى أَقضى مقالتى هذه ثم يجمع اليه ثوبَه إلّا وعى ما أقول فبسطتُ نَمِرةً علىّ حتى اذا قضى رسول اللّه صلّعم مقالته جمعتُها الى صدرى فما نسيت من مقالة رسول اللّه صلّعم تلك من شىء حدثنا عبد العزيز بن عبد اللّه حدثنا ابراهيم بن سعد عن أَبيه عن جدّه قال قال عبد الرحمن ابن عوف لمّا قدمنا المدينة آخى رسولُ اللّه صلّعم بينى وبين سعد بن الربيع فقال سعد بن الربيع انى أكثر الأنصارِ مالاً فأَقسِمُ لك نصفَ مالى وانظرْ أىّ زوجتَىّ هويتَ نزلتُ لك عنها فاذا حلّتْ تزوّجتَها قال فقال له عبد الرحمن لا حاجةَ لى فى ذلك هل من سوق فيه تجارة قال سوق قَيْنُقاع قال فغدا إليه عبد الرحمن فاتى بأقط وسَمْن قال ثم تابع الغُدوّ فما لبث أن جاء عبد الرحمن عليه أثر صُفْرةٍ فقال رسول اللّه صلّعم تزوّجتَ قال نعم قال ومَن قال امرأة من الانصار قال كم سُقْتَ قال زِنَةَ نواةٍ من ذهب أو نواةً من ذهب فقال له النبى صلّعم أَوْلِمْ ولو بشاةٍ، باب آكِلِ الربا وشاهده

وكاتبه وقوله تعالى الذين يأكلون الربا لا يقومون إلّا كما يقوم الذى يتخبّطه الشيطانُ من المسّ ذلك بأنهم قالوا انّما البيع مثل الربا وأحلّ اللّه البيع وحرّم الربا فمَن جاءه موعظةٌ من ربّه فانتهى فله ما سلف وأمرُه الى اللّه ومَن عاد فأولئك اصحاب النار هم فيها خالدون حدثنا محمد بن بَشّار حدثنا غُنْدَر حدثنا شُعْبة عن منصور عن ابى الضُحَى عن مسروق عن عائشة رضى اللّه عنها قالت لمّا نزلتْ آخر البقرة قرأهن النبى صلّعم عليهم فى المسجد ثم حرّم التجارة فى الخَمْر حدثنا موسى بن اسمعيل حدثنا جرير بن حازم حدثنا ابو رَجاء عن سَمُرة بن جُنْدُب قال قال النبى صلّعم رأيت الليلة رجلين أتيانى فأخرجانى الى أرضٍ مقدّسة فانطلقنا حتى أتينا على نهر من دم فيه رجل قائم وعلى وسط النهر رجل بين يديه حجارة فاقبل الرجلُ الذى فى النهر فاذا أراد أن يخرج رمى الرجلُ بحجر فى فيه فردّه حيث كان فجعل كُلّما جاء ليخرجَ رمى فى فيه بحجر فيَرْجع كما كان فقلت ما هذا فقال الذى رأيتَه فى النهر آكِل الربا، باب شِراء الدوابّ والحُمُر واذا اشترى دابّةً أو جملًا وهو عليه هل يكون ذلك قَبْضًا قبل أن ينزل وقال ابن عمر قال النبى صلّعم لعمر بِعْنيه يَعْنى جملا صَعْبا حدثنا محمد بن بَشّار حدثنا عبد الوهّاب حدثنا عبيد اللّه عن وهب بن كَيْسان عن

جابر بن عبد اللّه قال كنت مع النبى صلّعم فى غزاة فابطأ بى جملى وأعيا فأتى علىّ النبى صلّعم فقال جابرٌ فقلت نعم قال ما شأنك قلت ابطأ علىّ جملى وأعيا فتخلّفتُ فنزل يحجُنه بمحجنه ثم قال اركبْ فركبت فلقد رأيته اكُفُّه عن رسول اللّه صلّعم قال تزوّجتَ قلتُ نعم قال بكرا ام ثيّبًا قلت بل ثيّبا قال أفلا جاريةً تلاعبها وتلاعبك قلت إنّ لى أخَوات فاحببتُ ان اتزوّج امرأة تجمعهن وتمشطهن وتقوم عليهن قال أما إنّك قادمٌ فاذا قدمتَ فالكَيْسَ الكَيْسَ ثم قال اتبيعُ جملك قلت نعم فاشتراه منّى بأُوقيّة ثم قدم رسول اللّه صلّعم قبلى وقدمت بالغداة فجئنا الى المسجد فوجدته على باب المسجد قال الآن قدمتَ قلت نعم قال فدَعْ جملك فادخُلْ فصلِّ ركعتين فدخلت فصلّيت فأمر بِلالاً أن يزنَ لى اوقيّة فوزن لى بلال فارجَح فى الميزان فانطلقت حتى ولّيت فقال ادْعُ لى جابرًا قلت الآن يردّ علىّ الجملَ ولم يكن شىء أبغضَ الىّ منه قال خُذْ جملك ولك ثمنه ״ باب الاسواق التى كانت فى الجاهليّة فتبايعَ بها الناسُ فى الاسلام حدّثنا على بن عبد اللّه حدثنا سفيان عن عمرو بن دينار عن ابن عبّاس قال كانت عُكاظ ومَجَنّةُ وذو المجاز أسواقا فى الجاهليّة فلمّا كان الاسلام تأثّموا من التجارة فيها فانزل اللّه ليس عليكم جُناحٌ فى مواسم الحجّ قرأ ابن عبّاس كذا ״

باب التجارة فيما يُكْرَه لُبْسُه للرجال والنساء حدثنا آدم حدثنا شُعبة حدثنا أبو بكر بن حفص عن سالم بن عبد الله بن عمر عن أبيه قال أرسل النبى صلعم الى عمر بحُلّة حريرٍ أو سِيَراء فرآها عليه فقال إنى لم أُرسل بها اليك لتلبسها انما يلبسها مَن لا خَلاقَ له انما بعثتُ اليك لتستمتع بها يَعْنى تبيعُها حدثنا عبد الله بن يوسف أخبرنا مالك عن نافع عن القاسم بن محمد عن عائشة أمّ المؤمنين انها أخبرته انها اشترت نُمْرُقةً فيها تصاويرُ فلما رآها رسول الله صلعم قام على الباب فلم يدخله فعرفتُ فى وجهه الكراهة فقلت يا رسول الله أتوب الى الله والى رسوله صلعم ما ذا أَذنبتُ فقال رسول الله صلعم ما بالُ هذه النمرقة قلت اشتريتها لك لتقعدَ عليها وتَوسّدَها فقال رسول الله صلعم إنّ أصحاب هذه الصُوَر يومَ القيامة يعذّبون فيقال لهم أَحْيوا ما خلقتم وقال إن البيت الذى فيه الصور لا تدخله الملائكة ›‹ باب اذا اشترى شيأً فوهب من ساعته قَبْل أن يتفرّقا ولم يُنْكِر البائعُ على المشترى أو اشترى عبدا فأعتقه وقال طاوُس فيمَنْ يشترى السِلْعة على الرِضا ثم باعها وجبتْ له والربحُ له وقال الحُميدىّ حدثنا سُفيان حدثنا عمرو عن ابن عمر قال كنّا مع النبى صلعم فى سَفر فكنت على بكرٍ صَعْب لعمرَ فكان يَغْلبنى فيتقدّمُ أمامَ القوم فيزجره عمر ويردّه ثم يتقدّم فيزجره

عُمر ويَرُدّه فقال النبى صلعم لعمر بِعْنيه قال هو لك يا رسول الله قال بعنيه فباعه من رسول الله صلعم فقال النبى صلعم هو لك يا عبد الله بن عمر تصنعُ به ما شئتَ * قال أبو عبد الله وقال الليْث حدثنى عبد الرحمن بن خالد عن ابن شِهاب عن سالم بن عبد الله عن عبد الله بن عمر قال بِعتُ من امير المؤمنين عثمان بن عَفّانَ مالا بالوادى بمالٍ له بخيْبَر فلما تبايعْنا رجعت على عَقِبى حتى خرجت من بيته خَشْيةَ أن يُرادَّنى البيعَ وكانت السُنّة أن المتبايعَيْن بالخيار حتى يتفرّقا قال عبد الله فلما وَجَبَ بيعى وبيعه رأيت أنى قد غبنته بأنّى سُقتُه الى أرضِ ثَمودَ بثلاث ليال وساقنى الى المدينة بثلاث ليال ،، باب اذا اشترى شيأً لغيْره بغير إذْنه فرَضِىَ حدثنا يعقوب بن ابراهيم حدثنا أبو عاصم أخبرنا ابن جُريج قال أخبرنى موسى بن عُقْبة عن نافع عن ابن عمر عن النبى صلعم قال خرج ثلاثةٌ يمشون فأصابهم المطر فدخلوا فى غارٍ فى جبل فانحطّت عليهم صَخْرةٌ قال فقال بعضهم لبعض ادعوا اللّهَ بأفضل عملٍ عملتموه فقال أحدهم اللهمّ إنى كان لى أَبَوانِ شيْخانِ كبيران فكنت أخرج فأرعَى ثم أجىء فأحلُبُ فاجىء بالحِلاب فآتى به أبوىَّ فيشربان ثم أسقِى الصِبْيَة وأهلى وامرأتى فاحتبستُ ليلةً فجئت فاذا هما نائمانِ قال فكرهت أن أُوقظهما والصبيةُ يتضاغَوْن

عند رِجْلَىّ فلم يزل ذلك دأْبى ودأْبهما حتى طلع الفجر اللهمّ إن كنتَ تعلم انى فعلت ذلك ابتغاءَ وجهك فافرجْ عنّا فُرْجةً نرى منها السماءَ قال ففُرج عنهم وقال الآخر اللهمّ [إن كنت تعلم] انى كنتُ أُحبّ امرأة من بنات عمّى كأشدّ ما يحبّ الرجلُ النساء فقالت لا تَنال ذلك منها حتى تُعطيها مائةَ دينار فسعيْتُ فيها حتى جمعتُها فلمّا قدرتُ عليها قالت اتّقِ اللّهَ ولا تَفُضَّ الخاتمَ إلّا بحقّه فقمت وتركتها فان كنتَ تعلم انى فعلت ذلك ابتغاءَ وجهك فأفرجْ عنّا فرجةً قال ففَرَجَ عنهم الثُلثَيْن وقال الآخر اللهمّ [ان كنت تعلم] إنى استأجرت أجيرا بفَرَق من ذُرَةٍ فأعطيته وأبَى ذاك أن يأخذ فعمدتُ الى ذلك الفرق فزرعته حتى اشتريت منه بقرًا وراعِيَها ثم جاء فقال يا عبد اللّه أعطِنى حقّى فقلت أنطلق الى تلك البقر وراعيها فانها لك فقال أتستهزئ بى قال فقلت ما أستهزئ بك ولكنها لك اللهمّ ان كنتَ تعلم أنى فعلت ذلك ابتغاء وجهك فافرجْ عنّا فكُشف عنهم ✿

من كتاب الاجارة

بابَ الاجارة الى نِصْف النهار حدّثنا سليمان بن حرب حدثنا حمّاد عن أيّوب عن نافع عن ابن عمر عن النبى صلّعم قال مَثَلكم ومثل أهلِ الكتابَيْن كمثل رجلٍ استأجر أُجَراءَ فقال مَن يعمل لى من غُدْوةَ الى نصف النهار على

قيراطٍ فعملت اليهودُ ثم قال من يعمل لى من نصف النهار الى صلاة العَصْر على قيراط فعملت النَصارَى ثم قال من يعمل لى من العصر الى أن تَغيبَ الشمسُ على قيراطَيْن فأنتم هُم فغَضِبت اليهود والنصارى فقالوا ما لنا أَكْثَرَ عملًا وأَقَلَّ عطاءً قال هل نقصتُكم من حقّكم قالوا لا قال فذلك فضلى أُوتيه مَن أشاء ،، باب الاجارة من العصر الى الليل حدثنا محمد ابن العَلاء حدثنا أبو أُسامة عن بُرَيْد عن أبى بُرْدة عن أبى موسى عن النبى صلّعم قال مَثَل المسلمين واليهود والنصارى كمثل رجل استأجر قوما يعملون له عَملا يوما الى الليل على أجرٍ معلوم فعملوا له الى نصف النهار فقالوا لا حاجةَ لنا الى أجرك الذى شرطتَ لنا وما عملْنا باطلٌ فقال لهم لا تفعلوا أَكْملوا بقيّةَ عملِكم وخُذوا أجركم كاملا فأبوا وتركوا واستأجر آخَرِين بعدهم فقال أَكملوا بقيّة يومكم هذا ولكم الذى شرطتُ لهم من الأجر فعملوا حتى اذا كان حينُ صلاة العصر قالوا لك ما عملْنا باطلٌ ولك الاجر الذى جعلتَ لنا فيه فقال لهم أكملوا بقيّة عملكم فانّ ما بقى من النهار شىءٌ يسيرٌ فابوا واستأجر قوما أن يعملوا له بقيّة يومهم فعملوا بقيّة يومهم حتى غابت الشمس واستكملوا اجرَ الفريقَيْن كِلَيْهما فذلك مثلهم ومثل ما قبلوا من هذا النور ،، باب ما يُعْطَى فى الرُقْية على أَحْياء العَرَب بفاتحة الكتاب وقال ابن عبّاس عن

النبى صلعم أَحَقُّ ما أَخذتم عليه أجرًا كتابُ اللّه وقال الشّعبى لا يشترط المعلّمُ إلّا أن يُعْطى شيأً فليقبلْه وقال الحَكَم لم أسمع أحدا كَرِهَ أجرَ المعلّمِ وأَعطى الحَسَنُ دراهمَ عشرةً ولم ير ٱبْنُ سِيرينَ بأجر القَسّام بأسًا وقال كان يقال السُحْتُ الرِشْوةُ فى الحُكْم وكانوا يُعْطَون على الخَرْص حدثنا أبو النُعمان حدثنا أبو عَوانة عن أبى بِشْر عن أبى المتوكّل عن أبى سعيد قال انطلق نفر من أصحاب النبى صلعم فى سفرة سافروها حتى نزلوا على حيٍّ من أحياء العرب فاستضافوهم فابوا أن يضيّفوهم فلُدِغَ سيّدُ ذلك الحىّ فسعوا له بكلّ شىء لا يَنفعُه شىء فقال بعضهم لو أتيتم هؤلاء الرهطَ الذين نزلوا لعلّه أن يكون عند بعضهم شىء فأتوهم فقالوا يا أيّها الرهط إن سيدنا لُدِغَ وسعينا له بكلّ شىء لا ينفعه فهل عند أحدٍ منكم من شىء فقال بعضهم نعم واللّه انى لأَرْقِى ولكن واللّه لقد استضفناكم فلم تضيّفونا فما أَنا براقٍ لكم حتى تجعلوا لنا جُعْلا فصالحوهم على قَطيع من الغنم فانطلق يَتْفِلُ عليه ويقرأ الحمد للّه ربّ العالَمين فكأنّما نُشِطَ من عِقالٍ فانطلق يمشى وما به قَلَبَةٌ قال فأوفَوْهم جُعْلَهم الذى صالحوهم عليه فقال بعضهم ٱقسِموا فقال الذى رقى لا تفعلوا حتى نأتىَ النبى صلعم فنذكرَ له الذى كان فننظر ما يأمرنا فقدموا على رسول اللّه صلعم فذكروا له فقال وما يُدْرِيك

أنها رُقْية ثم قال قد أَصبتم اقسموا واضربوا لى معكم سَهْمًا فضحك رسول الله صلعم * قال أبو عبد الله وقال شُعْبة حدثنا أبو بِشْر سمعتُ أبا المتوكّل بهذا ۞

كتاب الكَفالة

باب الكفالة فى القَرْض والدُيون بالأبدان وغيرِها وقال أبو الزِناد عن محمد بن حمزة بن عمرو الأسلمىّ عن أبيه أن عمر بعثه مصدِّقا فوقع رجل على جاريةِ امرأته فاخذ حمزةُ من الرجل كَفيلا حتى قدم على عمر وكان عمر قد جلده مائةَ جَلْدة فصدّقهم وعذره بالجَهالة * وقال جَرير والأشعث لعبد الله بن مسعود فى المرتدّين استتِبْهم وكفّلْهم فتابوا وكَفَلهم عشائرُهم وقال حَمّاد اذا تكفّلَ بنفس فمات فلا شىء عليه وقال الحَكَم يَضْمَنُ * قال أبو عبد الله وقال الليث حدثنى جعفر بن رَبيعة عن عبد الرحمن بن هُرْمُز عن أبى هُريرة عن رسول الله صلعم أنه ذكر رجلا من بنى اسرائيل سأل بعضَ بنى اسرائيل أن يُسْلفه ألفَ دينار فقال ائْتِنى بالشُهداء أُشهِدُهم فقال كَفَى بالله شهيدًا قال فأْتِنى بالكفيل قال كفى بالله كفيلا قال صدقتَ فدفعها اليه الى أَجَلٍ مُسَمًّى فخرج فى البحر فقضى حاجتَه ثم التمس مَركبا يركبها يَقْدَم عليه للأجل الذى أجّله فلم يجد مركبا فاخذ خَشَبةً فنقرها فأدخل فيها ألفَ دينار وصحيفةً منه الى صاحبه ثم زجّج

موضعها ثم أتى بها الى البحر فقال اللهمّ إنك تعلم أنى كنت تسلّفتُ فُلانا ألفَ دينار فسألنى كفيلا فقلت كفى باللّه كفيلا فرَضِىَ بك وسألنى شهيدا فقلت كفى باللّه شهيدا فرضى بك وانى جهدت أن أجدَ مركبا أبعثُ اليه الذى له فلم أقدرْ وانى أستودعكها فرَمَى بها فى البحر حتى وَلَجَتْ فيه ثم انصرف وهو فى ذلك يلتمس مركبا يخرج الى بلده فخرج الرجل الذى كان أسلفه ينظر لعلّ مركبا قد جاء بماله فاذا بالخشبة التى فيها المالُ فاخذها لأهله حَطَبا فلما نشرها وجد المال والصحيفة ثم قدم الذى كان أسلفه فأتى بالالف دينار فقال واللّه ما زِلْتُ جاهدا فى طلب مركب لآتيك بمالك فما وجدتُ مركبا قبلَ الذى أتيتُ فيه قال هل كنتَ بعثتَ الىّ بشىء قال أُخْبِرك انى لم أجد مركبا قبل الذى جئتُ فيه قال فإن اللّه قد أدّى عنك الذى بعثتَ فى الخشبة فانصرِفْ بالالفِ الدينار راشدا ٭ باب قول اللّه تعالى والذين عاقدتْ أَيْمانُكم فآتوهم نصيبَهم حدثنا الصَّلْت ابن محمد حدثنا أبو أُسامة عن إدريس عن طَلْحة بن مصرِّف عن سعيد بن جُبير عن ابن عبّاس ولكُلٍّ جَعَلْنا موالِىَ قال وَرَثَةً والذين عاقدتْ أيمانكم قال كان المهاجرون لمّا قدموا المدينة يرث المهاجر الأنصارىَّ دون ذوى رَحِمِه للأُخوّة التى آخى النبىُّ صلعم بينهم فلمّا نزلتْ ولكلّ

جعلْنا موالى نَسَخَتْ ثم قال والذين عاقدت أيمانكم إلّا النَصْرَ والرِفادة والنصيحة وقد ذهب الميراث ويوصى له حدثنا قُتيبة حدثنا اسمعيل بن جَعْفر عن حُميد عن أَنَس قال قدم علينا عبد الرحمن بن عوف فآخى رسول الله صلّعم بينه وبين سعد بن الربيع حدثنا محمد بن الصَبّاح حدثنا اسمعيل بن زكريّاء حدثنا عاصم قال قلت لانس بن مالك أبَلَغك أن النبى صلّعم قال لا حِلْف فى الاسلام فقال قد حالف النبى صلّعم بين قريش والانصار فى دارى ، باب مَن تكفّل عن ميتٍ دَيْنا فليس له أن يَرجع وبه قال الحَسَنُ حدثنا أبو عاصم عن يزيد بن أبى عبيد عن سَلَمة ابن الأكْوع أن النبى صلّعم أُتى بجنازة ليصلّى عليها فقال هل عليه من دَيْنٍ قالوا لا فصلّى عليه ثم أُتى بجنازة أُخرى فقال هل عليه من دين قالوا نعم قال صلّوا على صاحبكم قال أبو قتادة علَىَّ دينه يا رسول الله فصلّى عليه حدثنا علىّ ابن عبد الله حدثنا سفيان حدثنا عمرو سمع محمدَ بن علىّ عن جابر بن عبد الله قال قال النبى صلّعم لوْ قد جاء مالُ البَحْرَيْن قد أعطيتك هكذا وهكذا فلم يجئْ مال البحرين حتى قُبض النبى صلّعم فلما جاء مال البحرين أمر أبو بكر فنادى مَن كان له عند النبى صلّعم عِدَةٌ أو دين فليأْتِنا فأتيتُه فقلت ان النبى صلّعم قال لى كذا وكذا فحثا لى

حَثْيَةً فعددتها فاذا هى خمسمائة وقال خذْ مِثلَيْها ، باب جِوار أبى بكر فى عهد النبى صلّعم وعَقْدِه حدثنا يحيى ابن بُكير حدثنا الليث عن عُقيل قال ابن شِهاب فاخبرنى عُرْوة بن الزبير أن عائشة رضى الله عنها قالت لم أَعقل أبوىَّ إلّا وهُما يَدينان الدِينَ * وَقال أبو صالح حدثنى عبد الله عن يونس عن الزُهرىّ قال اخبرنى عروة بن الزبير ان عائشة قالت لم أعقل أبوىّ قطُّ الّا وهما يدينان الدين ولم يمرّ علينا يومٌ الّا يأتينا فيه رسولُ الله صلّعم طَرَفَيِ النهار بكرةً وعشيةً فلما ابتُلى المسلمون خرج أبو بكر مُهاجرا قِبَلَ الحَبشة حتى اذا بلغ بَرْكَ الغماد لقيه ابن الدَغنة وهو سيّد القارة فقال أين تريد يا أبا بكر فقال أبو بكر أَخرجنى قومى فأنا أريد أن أَسيح فى الارض فاعبُدَ ربّى قال ابن الدغنة إنّ مثلك لا يَخرج ولا يُخرَج فانك تَكسب المُعدومَ وتَصِل الرَحِمَ وتحمل الكَلَّ وتَقْرِى الضيف وتُعين على نوائب الحقّ وأنا لك جارٌ فارجعْ فاعبدْ ربّك ببلادك فارتحل ابن الدغنة فرجع مع أبى بكر فطاف فى أشراف كُفّار قريش فقال لهم إن أبا بكر لا يَخرج مثله ولا يُخرَج أتُخرجون رجلا يكسب المعدوم ويصل الرحم ويحمل الكَلّ ويقرى الضيف ويُعين على نوائب الحقّ فأنفذت قريش جوار ابن الدغنة وآمنوا أبا بكر وقالوا لابن الدغنة مُرْ أبا بكر فليعبدْ ربّه فى داره فليُصلِّ وليقرأْ

ما شاء ولا يُؤْذِينا بذلك ولا يستعلنْ به فانّا قد خَشِينا
أن يَفتِنَ ابناءَنا ونساءَنا قال ذلك ابن الدغِنة لابى بكر فطَفِق
أبو بكر يعبدُ ربَّه فى داره ولا يستعلنُ بالصلاة ولا القِراءةِ فى
غير داره ثمَّ بدا لابى بكر فابتنى مسجدا بفناء داره وبرز
فكان يصلّى فيه ويقرأ القرآن فيتقصّف عليه نساءُ المشركين
وابنــاؤُهم يعجبون ويَنظرون اليه وكان أبو بكر رجلا بكّاءً لا
يملك دمعَه حين يقرأُ القرآن فأفزع ذلك أشرافَ قريش من
المشركين فارسلوا الى ابن الدغنة فقدم عليهم فقالوا له إنَّا كنّا
أجَرْنا أبا بكر على أن يعبد ربَّه فى داره وإنّه جاوز ذلك
فابتنى مسجدا بفناء داره وأعلن الصلاة والقراءة وقد خشينا
أن يفتن أبناءنا ونساءنا فأتِه فان أحبَّ أن يقتصر على أن
يعبد ربَّه فى داره فعل وان أبى إلّا أن يعلن ذلك فسَلْه
أن يرُدّ اليك ذِمَّتَك فانا كرهنا أن نُخفِرَك ولَسْنا مُقِرّين لابى
بكر الاستعلان قالت عائشة فاتى ابنُ الدغنة أبا بكر فقال قد
علمتَ الذى عقدت لك عليه فامَّا أن تقتصر على ذلك وإمّا
أن تَرُدّ الىَّ ذِمّتى فانى لا أحبّ أن تسمع العربُ انى أُخفِرتُ
فى رجل عقدتُ له قال أبو بكر إنى أرُدّ اليك جوارك وأرضى
بجوار الله ورسولُ الله صلعم يومئذ بمكّة فقال رسول الله صلعم
قد أُرِيتُ دارَ هِجْرتِكم رأيتُ سَبْخَةً ذاتَ نخــل بــين
لابَتَينِ وهما الحَرَّتان فهاجر مَن هاجر قِبَل المدينة حين ذكر

ذلك رسولُ الله صلّعم ورجع الى المدينة بعضُ مَن كان هاجر
الى أرض الحبشة وتجهّز أبو بكر مهاجرًا فقال رسول الله صلّعم
على رِسْلك فانى أرجو أن يُؤذَّن لى قال أبو بكر هل ترجو ذلك
بأبى أنت قال نعم فحبس أبو بكر نفسه على رسول الله صلّعم
ليَصحبه وعلف راحلتَيْن كانتا عنده وَرَق السَّمُرِ أربعةَ أشهر،٥
بابُ الدَّيْن حَدَّثَنَا يحيى بـن بُكير حدثنا الليث عـن
عُقيل عن ابن شهاب عن أبى سلمة عن أبى هُريرة ان رسول
الله صلّعم كان يُؤتَى بالرجل المتوفَّى عليه الدَّيْن فيسأل هـل
ترك لدينه فضلا فان حُدِّث أنّه ترك لدينه وفاءً صلّى والَّا
قال للمسلمين صلّوا على صاحبكم فلمـا فتح اللهُ عليه الفتوحَ ١٠
قال أنا أَوْلَى بالمؤمنين من أنفسهم فمَن تُوُفِّىَ من المؤمنين فترك
دينا فعلىّ قضاؤه ومَن ترك مالا فلوَرثَتِه ۞
من كتاب الوكالة
بابٌ اذا وكّل رجلا فترك الوكيلُ شيئًا فأجازه الموكِّل فهو جائزٌ
وإنْ أقرضه الى أجَلٍ مُسَمَّى جاز وقَالَ عثمان بن الهيثم أبو ١٥
عمرو حدثنا عوف عن محمد بن سيرين عن أبى هُريرة قال
وكَّلنى رسول الله صلّعم بحفْظ زكاة رمضان فأتانى آتٍ فجعل
يَحْثو من الطعام فأخذته وقـلـت واللّه لأرفعنَّـك الى رسول
الله صلّعم قال انّى محتاج وعلىَّ عيال ولى حاجة شديدة قال
فخلّيتُ عنه فأصبحتُ فقال النبى صلّعم يا أبا هريرة ما فعل ٢٠

أسيرك البارحةَ قال قلت يا رسول اللّه شكا حاجةً شديدة وعيالا فرحمتُه فخلّيت سبيله قال أمَا إنّه قد كذبك وسيعود فعرفتُ أنه سيعود لقول رسول اللّه صلّعم انه سيعود فرصدته فجاء يحثو من الطعام فأخذته فقلت لأرفعنّك الى رسول اللّه صلّعم قال دَعْنى فانّى محتاج وعلىّ عيال لا أعود فرحمتُه فخلّيت سبيله فأصبحت فقال لى رسول اللّه صلّعم يا أبا هريرة ما فعل أسيرك قلت يا رسول اللّه شكا حاجة شديدة وعيالا فرحمته فخلّيت سبيله قال أما إنه قد كذبك وسيعود فرصدته الثالثةَ فجاء يحثو من الطعام فاخذته فقلت لأرفعنّك الى رسول اللّه صلّعم وهذا آخِرُ ثلاثِ مرّاتٍ أنك تزعم لا تعود ثم تعود قال دَعْنى أعلّمْك كلمات ينفعك اللّه بها قلت ما هو قال اذا أَويتَ الى فراشك فاقرأْ آيةَ الكُرسىّ اللّه لا إله الّا هو الحىّ القيّوم حتى تختمَ الآيةَ فانّك لَنْ يزالَ عليك من اللّه حافظٌ ولا يَقْرِبنّك شيطان حتى تُصْبِحَ فخلّيتُ سبيله فأصبحت فقال لى رسول اللّه صلّعم ما فعل أسيرك البارحة قلت يا رسول اللّه زعم انه يعلّمنى كلمات ينفعنى اللّه بها فخلّيت سبيله قال ما هى قلت قال لى اذا أويت الى فراشك فاقرأ آية الكرسىّ من أوّلها حتى تختم اللّهُ لا اله الا هو الحىّ القيّوم وقال لى لن يزالَ عليك من اللّه حافظ ولا يقربّك شيطان حتى تصبحَ وكانوا أحرصَ شىء على الخير فقال النبى

صلعم أما إنه قد صَدَقَك وهو كذوبٌ تَعْلم مَن تُخاطِب مُنْذُ ثلاثِ ليال يا أبا هريرة قال لا قال ذاك شيطان ۞

من كتاب المَظالم

باب الغُرْفة والعُلِّيّة المُشْرِفة وغير المشرفة فى السُّطوح وغيرها

حدثنا عبد الله بن محمد حدثنا ابن عُيينة عن الزهرىّ عن عروة عن أُسامة بن زيد قال أشرف النبى صلعم على أُطُم من آطام المدينة ثم قال هل ترون ما أرى إنّى أَرَى مواقع الفِتَن خِلالَ بيوتكم كمواقع القَطْر حدثنا يحيى بن بُكير حدثنا الليث عن عُقيل عن ابن شِهاب قال أخبرنى عبيد الله بن عبد الله بن أبى ثَوْر عن عبد الله بن عبّاس قال لم أزلْ حَريصا على أن أسأل عمرَ عن المرأتين من أزواج النبى صلعم اللتيْن قال الله لهما إن تتوبا الى الله فقد صَغَتْ قلوبكما فحججتُ معه فعَدَلَ وعدلت معه بالاداوة فتبرّز حتى جاء فسكبتُ على يديه من الاداوة فتوضّأ فقلت يا أمير المؤمنين مَن المرأتان من أزواج النبى صلعم اللتان قال الله تعالى لهما إن تتوبا الى الله فقال وا عَجَبى لك يا ابن عباس عائشةُ وحَفْصةُ ثم استقبل عمرُ الحديث يسوقه فقال انى كنت وجارٌ لى من الانصار فى بنى أُميّة بن زيد وهى من عَوالى المدينة وكُنّا نتناوب النُزولَ على النبى صلعم فينزل يوما وأنزلُ يوما فاذا نزلت جئته من خبر ذلك اليوم من الامر

وغيره واذا نزل فعل مثله وكنّا معشرَ قُريش نغلب النساءَ فلما قدمنا على الانصار اذا هم قوم تغلبهم نساؤهم فطفق نساؤنا يأخذْنَ من أدب نساء الانصار فصحْتُ على امرأتى فراجعتْنى فأنكرتُ أن تراجعنى فقالت ولِمَ تُنْكر أن أراجعك فواللّه إنّ أزواج النبى صلّعم ليراجعنه وإن إحداهن لتَهْجره اليومَ حتى الليل فأفْزَعَنى فقلتْ خابت مَن فعل منهنّ بعظيمٍ ثم جمعتُ علىّ ثيابى فدخلت على حفصة فقلت أَى حفصةُ أتغاضبُ إحْداكنّ رسولَ اللّه صلّعم اليومَ حتى الليل فقالت نعم فقلت خابت وخَسِرت أفتأمنُ أن يَغْضب اللّه لِغضبِ رسوله صلّعم فتَهْلكين لا تستكثرى على رسول اللّه صلّعم ولا تراجعيه فى شىء ولا تهجريه وٱسأليني ما بدا لك ولا يَغرّنّكِ أن كانت جارتُك هى أَوْضأُ منك وأَحَبُّ الى رسول اللّه صلّعم يريد عائشةَ وكنّا تحدّثْنا أن غسّانَ تُنْعِلُ النعالَ لغَزْونا فنزل صاحبى يومَ نَوْبتِهِ فرجع عشاءً فضرب بابى ضربا شديدا وقال أنائمٌ هو ففزعتُ فخرجت اليه وقال حدث أمرٌ عظيم قلتُ ما هو أجاءت غسّانُ قال لا بلْ أعظمُ منه وأَطْولُ طلّق رسولُ اللّه صلّعم نساءه قال قد خابت حَفْصةُ وخسرت كنت أظُنّ انّ هذا يوشِكُ أن يكون فجمعت علىّ ثيابى فصلّيت صلاةَ الفجر مع النبى صلّعم فدخل مَشْرُبةً له فاعتزل فيها فدخلتُ على حفصةَ فاذا هى تبكى قلت ما

يُبْكِيكِ أَوَلَمْ أَكُنْ حَذَّرْتُكِ أَطَلَّقَكُنَّ رسولُ اللّه صلّعم قالت لا أَدْرِى هو ذا فى المشربة فخرجتُ فجئت المنبرَ فاذا حَوْلَه رهطٌ يبكى بعضهم فجلست معهم قليلا ثم غلبنى ما أجد فجئت المشربة التى هو فيها فقلت لغلام له أَسْوَدَ استأْذِنْ لِعُمَرَ فدخل فكلّم النبى صلّعم ثم خرج فقال ذكرتك له فصَمَتَ فانصرفتُ حتى جلست مع الرهط الذين عند المنبر ثم غلبنى ما أجد فجئت فقلتُ للغلام فذكر مثله فجلست مع الرهط الذين عند المنبر ثم غلبنى ما أجد فجئت الغلام فقلت استأذن لعمر فذكر مثله فلما ولّيت منصرفا فاذا الغلام يدعونى قال أَذِنَ لك رسولُ اللّه صلّعم فدخلتُ عليه فاذا هو مضطجعٌ على رُمالِ حَصيرٍ ليس بينه وبينه فراشٌ قد أَثَّرَ الرمالُ بجنبه مُتَّكِئٌ على وِسادةٍ من أَدَمٍ حشوُها ليفٌ فسلّمت عليه ثم قلت وأنا قائم طلّقتَ نساءك فرفع بصره الىّ فقال لا ثم قلت وأنا قائم أَستأنِسُ يا رسول اللّه لو رَأَيْتَنِى وكُنّا معشرَ قُرَيش نَغْلِب النساء فلما قدِمْنا على قومٍ تغلبهم نساؤُهم فذكره فتبسّم النبى صلّعم ثم قلت لو رأيتنى ودخلت على حفصة فقلت لا يغُرَّنَّكِ أن كانت جارتُك هى أوضأُ منك وأحبَّ الى النبى صلّعم يريد عائشة فتبسّم أُخْرَى فجلست حين رأيته تبسّم ثم رفعت بصرى فى بيته فواللّه ما رأيت فيه شيأ يردّ البصرَ غير آهِبَةٍ ثلاثةٍ فقلت آدعُ اللّهَ

فَلْيوسّعْ على أُمّتك فإن فارسَ والرُومَ وُسّعَ عليهم وأُعْطُوا الدنيا وهم لا يعبدون الله وكان مُتّكئًا فقال أَوَفى شكّ أنت يا ابن الخطّاب أُولئك قومٌ عُجِلَتْ لهم طيّباتهم فى الحياة الدنيا فقلت يا رسول اللّه استغفرْ لى فاعتزل النبىُ صلعم من أَجْل ذلك الحديث حين أَفْشَتْه حفصةُ الى عائشة وكان قد قال ما أنا بداخلٍ عليهنّ شهرا من شدّةِ مَوْجِدته عليهنّ حين عاتَبه اللّهُ فلما مضت تسعٌ وعشرون دخل على عائشة فبدأ بها فقالت له عائشة إنك أقسمت أن لا تدخل علينا شهرًا وإنّا أصبحنا لتسعٍ وعشرين ليلةً أَعُدُّها عَدًّا فقال النبى صلعم الشهرُ تسعٌ وعشرون وكان ذلك الشهر تسعا وعشرين قالت عائشة فأُنزلت آيةُ التخيير فبدأَ بى أَوّلَ امرأةٍ فقال إنى ذاكرٌ لك أمرا ولا عليك أن لا تَعْجلى حتى تستأمرى أبوَيْك قالت قد أعلم انّ أبوىّ لم يكونا يأمرانى بفراقك ثم قال إن الله قال يا أيّها النبى قلْ لأزواجك الى قوله عظيما قلت أفى هذا أستأمرُ أبوىّ فانى أريد اللّهَ ورسوله والدارَ الآخرة ثم خيّر نساءه فقلن مثل ما قالت عائشة حدثنا ابن سلام حدثنا الفزارىُّ عن حُميدٍ الطويلِ عن أَنَس قال آلى رسولُ اللّه صلعم من نسائه شهرا وكانت انفكّت قدمُه فجلس فى عِلّيّةٍ له فجاء عمر فقال أَطلّقتَ نساءك قال لا ولكنّى آليتُ منهنّ شهرا فمَكُثَ تسعا وعشرين ثم نزل فدخل على نسائه ✿

من كتاب العِتْق

باب اذا قال لعبده هو للّه ونَوَى العِتْقَ والاِشهادِ فى العتق

حدثنا محمد بن عبد اللّه بن نُمير عن محمد بن بِشْر عن اسمعيل عن قيس عن أبى هريرة انه لما أقبل يُريد الاسلام ومعه غلامه ضلّ كُلُّ واحد منهما من صاحبه فاقبل بعد ذلك وأبو هريرة جالس مع النبى صلّعم فقال النبى صلّعم يا أبا هريرة هذا غلامك قد أتاك فقال أما إنّى أُشْهِدُك أنه حُرّ قال فهو حين يقول

يا لَيلَةً مِن طُولِها وعَنائِها
عَلَى أنّها مِن دارَةِ الكُفْرِ نَجَّتِ

حدثنا عُبيد اللّه بن سعيد حدثنا أبو أُسامة حدثنا اسمعيل عن قيس عن أبى هريرة قال لمّا قدمتُ على النبى صلّعم قلت فى الطريق

يا ليلة من طولها وعنائها
على انها من دارة الكفر نجت

قال وأَبَقَ منى غلام لى فى الطريق قال فلما قدمت على النبى صلّعم بايعتُه فبينا أنا عنده إذْ طلع الغلام فقال لى رسول اللّه صلّعم يا أبا هريرة هذا غلامُك فقلت هو حُرٌّ لوجهِ اللّه فأعتقتُه لم يقلْ أبو كُرَيب عن أبى أُسامة حُرٌّ

حدثنا شِهاب بن عَبّاد حدثنا ابراهيم بن حُميد بن

عبد الرحمن الرُّؤاسىّ عن اسمعيل عن قيس قال لما أقبل أبو هريرة ومعه غلامه وهو يطلب الاسلام فضلّ أحدُهما صاحبَه بهذا وقال أما إنى أُشْهِدُك أنه للّه ٠

من كتاب الهِبَة

باب مَن أَهْدَى الى صاحبه وتحرَّى بعضَ نسائه دون بعض حدثنا سليمان بن حَرْب حدثنا حمّاد بن زيد عن هشام ابن عُروة عن أبيه عن عائشة رضى اللّه عنها قالت كان النّاسُ يتحرّوْن بهداياهم يومى وقالت أُمّ سَلَمَة إن صَواحِبى اجتمعْنَ فذَكَرتْ له فأعْرَضَ عنها حدثنا اسمعيل قال حدثنى أخى عن سليمان عن هشام بن عروة عن أبيه عن عائشة رضى اللّه عنها أن نساء رسول اللّه صلّعم كُنَّ حِزْبَيْن فحزبٌ فيه عائشة وحَفْصة وصَفِيّة وسَوْدة والحزب الآخَر أُمّ سلمة وسائرُ نساء رسول اللّه صلّعم وكان المسلمون قد علموا حُبَّ رسولِ اللّه صلّعم عائشةَ فاذا كانت عند أحدِهم هديّة يريد أن يُهْدِيَها الى رسول اللّه صلّعم أخّرها حتى اذا كان رسول اللّه صلّعم فى بيت عائشة بعث صاحبُ الهديّة بها الى رسول اللّه صلّعم فى بيت عائشة فكلّم حِزْبُ أمّ سلمة فقلْن لها كلّمى رسولَ اللّه صلّعم يكلّمِ النّاسَ فيقول مَن أراد أن يُهدِىَ الى رسول اللّه صلّعم هديّةً فلْيُهدِه اليه حيثُ كان من بيوت نسائه فكلّمته أُمُّ سلمة بما قلن فلم يقلْ لها شيأ فسألنها

فقالت ما قال لى شيأ فقلن لها فكلّميه قالت فكلمتْه حين دار اليها أيضا فلم يقل لها شيأ فسالنها فقالت ما قال لى شيأ فقلن لها كلّميه حتى يكلّمك فدار اليها فكلّمته فقال لها لا يُؤْذينى فى عائشة فإن الوَحْىَ لم يأتنى وأنا فى ثوبِ امرأة إلّا عائشةَ قالت فقالت أتوب الى اللّه مِن أَذاك يا رسول اللّه ثم إنهن دَعَوْن فاطمةَ بنت رسول اللّه صلّعم فأَرْسَلْنَ الى رسول اللّه صلّعم تقول إن نساءك يَنْشُدْنك اللّهَ العَدْلَ فى بنت أبى بكر فكلّمتْه فقال يا بُنيّة ألا تُحِبّين ما أُحِبّ قالت بلى فرجعت اليهن فأخبرتهن فقلن ٱرجعى اليه فأبت أن ترجع فارسلن زَيْنَبَ بنت جَحْش فأتته فأغلظت وقالت إن نساءك ينشدنك اللّهَ العدلَ فى بنت ابن أبى قُحافةَ فرفعتْ صوتها حتى تناولت عائشةَ وهى قاعدة فسبّتها حتى إن رسول اللّه صلّعم لَينظر الى عائشة هل تَكلّمُ قال فتكلمت عائشةُ تردّ على زينبَ حتى أَسْكتتْها قالت فنظر النبى صلّعم الى عائشة وقال إنها بنت أبى بكر * قال البُخارىّ الكلام الأخير قِصّةُ فاطمةَ يُذْكَرُ عن هشام بن عروة عن رجلٍ عن الزهرىّ عن محمد بن عبد الرحمن وقال أبو مَرْوانَ عن هشام عن عروة كان الناس يتحرّوْن بهداياهم يومَ عائشةَ وعن هشام عن رجل من قُريش ورجل من المَوالى عن الزهرىّ عن محمد بن عبد الرحمن بن الحٰرث بن

هشام قالت عائشةُ كنتُ عند النبى صلّعم فاستأذنتْ فاطمةُ ۞

من كتاب الشَهادات

(حديث الافْك)

باب تعديل النساء بعضِهن بعضًا حدّثنا أبو الربيع سليمان ابن داود وأفهمنى بعضَه أحمدُ حدّثنا فُليح بن سليمان عن ابن شهاب الزهرىّ عن عروة بن الزبير وسعيدِ بن المسيّب وعلقمةَ بن وقّاص الليثىّ وعُبيدِ الله بن عبد الله بن عُتبة عن عائشة زوج النبى صلّعم حين قال لها أهل الافْك ما قالوا فبرّأها الله منه قال الزهرىّ وكلّهم حدّثنى طائفةً من حديثها وبعضُهم أوْعى من بعض وأَثْبَتُ له اقتصاصا وقد وعيتُ عن كلّ واحد منهم الحديثَ الذى حدّثنى عن عائشة وبعضُ حديثهم يصدِّق بعضا زعموا أن عائشة قالت كان رسول الله صلّعم اذا أراد أن يخرج سَفَرًا أقرع بين أزواجه فأيّتُهن خرج سهمُها خرج بها معه فأقرع بيننا فى غزاة غزاها فخرج سهمى فخرجت معه بعد ما أُنزل الحجابُ فانا أُحْمَلُ فى هودج وأُنزل فيه فسِرْنا حتى اذا فرغ رسول الله صلّعم من غَزْوته تلك وقفل ودنوْنا من المدينة آذَنَ ليلةً بالرحيل فقمتُ حين آذنوا بالرحيل فمشيت حتى جاوزت الجيشَ فلما قضيت شأْنى أقبلت الى الرَحْل فلمستُ صدرى فاذا عِقْدٌ لى من جَزْعِ

أظفارٍ قد انقطع فرجعت فالتمست عقدى فحبسنى ابتغاؤُه فأقبل الذين يَرْحَلون لى فاحتملوا هودجى فرحلوه على بَعيرى الذى كنت أركب وهم يحسبون أنّى فيه وكان النساء إنْ ذاك خِفافًا لم يَثْقُلْن ولم يغشَهنّ اللحمُ وانما يأْكلن العُلْقةَ من الطعام فلم يستنكر القومُ حين رفعوه ثِقَلَ الهودجِ فاحتملوه وكنت جاريةً حديثةَ السِنّ فبعثوا الجملَ وساروا فوجدت عقدى بعد ما استمرّ الجيشُ فجئت منزلهم وليس فيه أحد فأَممتُ منزلى الذى كنت به فظننت انهم سيَفقدونى فيرجعون الىّ فبينا أنا جالسة غلبتْنى عَيْناىَ فنمتُ وكان صَفْوان بن المعطّل السُلَمىّ ثم الذَكْوانىّ من وراء الجيش فأصبح عند منزلى فرأى سَوادَ انسانٍ نائمٍ فأتانى وكان يرانى قَبْل الحجاب فاستيقظتُ باسْتِرْجاعه حين أَناخ راحلتَه فوطِئَ يدَها فركبتُها فانطلق يقود بى الراحلةَ حتى أتينا الجيشَ بعد ما نزلوا معرِّسين فى نَحْر الظهيرة فهلك مَن هلك وكان الذى تولّى الافكَ عبد الله بن أُبَىّ ابنُ سَلولَ فقدمنا المدينة فاشتكيت بها شهرًا والناس يُفيضون من قول أصحاب الافك ويَريبنى فى وَجَعى أنى لا أرى من النبى صلعم اللُطْفَ الذى كنت أرى منه حين أَمرضُ إنّما يدخل فيسلّم ثم يقول كيف تيكم لا أشعرُ بشىء من ذلك حتى نَقَهتُ فخرجت أنا وأمُّ مِسْطَحٍ قِبَلَ المناصع متبرَّزِنا لا نخرج إلّا ليلا

الى ليل وذلك قَبْل أن نتّخذ الكُنُف قريبا من بيوتنا وأمرُنا أمرُ العربِ الأُوَلِ فى البرّيّة او فى التنزّه فاقبلت أنا وأمّ مسطح بنتُ أبى رُهْم نمشى فعثرتْ فى مِرْطها فقالت تَعِس مِسْطَحٌ فقلت لها بئْس ما قلتِ أتسُبّين رجلا شَهِدَ بَدْرًا فقالت يا هَنْتاهْ ألم تسمعى ما قالوا فاخبرتْنى بقول أهل الافك فازددتُ مرضا الى مرضى فلما رجعت الى بيتى دخل علىّ رسول اللّه صلّعم فسلّم فقال كيف تيكم فقلتُ ائْذَنْ لى الى أبوىّ قالت وأنا حينئذ أريد أن أستيقن الخبر من قِبَلهما فأذن لى رسول اللّه صلّعم فأتيت أبوىّ فقلت لأمّى ما يتحدّث به الناس فقالت يا بُنيّة هَوِّنى على نفسك الشأنَ فواللّه لَقَلّما كانت امرأةٌ قطُّ وضيئةٌ عند رجلٍ يُحبّها ولها ضَرائرُ الا أكْثَرْنَ عليها فقلت سبحان اللّه ولقد يتحدّثُ الناس بهذا قالت فبِتُّ تلك الليلةَ حتى أصبحتُ لا يرقأُ لى دمعٌ ولا أكتحل بنوم ثم أصبحتُ فدعا رسول اللّه صلّعم علىَّ بن أبى طالب وأُسامةَ بن زيد حين استلبث الوَحْىُ يستشيرهما فى فِراق أهله فأمّا أسامةُ فأشار عليه بالذى يَعلم فى نفسه من الودّ لهم فقال أسامة أَهْلُك يا رسول اللّه ولا نعلم واللّه إلّا خيرا وأمّا علىّ بن أبى طالب فقال يا رسول اللّه لم يضيّقِ اللّهُ عليك والنساءُ سِواها كثيرٌ وسَلِ الجاريةَ تصدُقْك فدعا رسولُ اللّه صلّعم بَرِيرَةَ فقال يا بريرةُ هَل رأيتِ

فيها شيأ يَريبك فقالت بريرة لا والذى بعثك بالحقّ إن رأيتُ منها أمرا أَغْمِصُه عليها أكثر من أنها جاريةٌ حديثة السِنّ تنام عن العَجين فتأتى الداجنُ فتأكله فقام رسول اللّه صلّعم من يومه فاستعذر من عبد اللّه بن أُبىّ ابن سَلول فقال رسول اللّه صلّعم مَن يَعذرنى مِن رجل بلغنى أذاهُ فى أهلى فواللّه ما علمتُ على أهلى إلّا خيرا وقد ذكروا رجلا ما علمتُ عليه إلّا خيرا وما كان يَدخل على أهلى إلّا معى فقام سعدُ بن مُعاذ فقال يا رسول اللّه أنا واللّه أَعذرك منه إن كان من الأَوْس ضربنا عُنُقَه وإن كان من إخْواننا من الخَزْرَج أمرتَنا ففعلْنا فيه أَمْرَك فقام سعدُ بن عُبادة وهو سيّدُ الخزرج وكان قبل ذلك رجلا صالحا ولكن احتملتْه الحَميّةُ فقال كذبتَ لَعَمْرُ اللّهِ لا تقتُلُه ولا تَقدرُ على ذلك فقام أُسَيد بن الحُضَير فقال كذبتَ لعمر اللّه واللّه لَنَقْتلنّه فانك مُنافقٌ تُجادل عن المنافقين فثارَ الحَيّانِ الأَوْس والخزرجُ حتى هَمّوا ورسولُ اللّه صلّعم على المنبر فنزل فخفّضهم حتى سكتوا وسَكَتَ وبكيتُ يومى لا يَرْقأُ لى دمع ولا أكتحل بنوم فأصبحَ عندى أبوايَ قد بكيتُ ليلتَيْن ويوما حتى أظنُّ أن البُكاء فالقٌ كَبِدى قالت فبينما هما جالسان عندى وأنا أبكى إذ ٱستأذنتِ امرأةٌ من الانصار فأذنتُ لها فجسلت تبكى معى فبينا نحن كذلك إذْ دخل رسول اللّه

صلعم فجلس ولم يجلس عندى من يوم قيل فىّ ما قيل قبلها وقد مكث شهرًا لا يُوحَى اليه فى شأنى شئ قالت فتشهّد ثم قال يا عائشةُ فانه بلغنى عنك كذا وكذا فان كنت بَريئةً فسيُبرّئُك اللّهُ وإن كنت أَلْمَمْتِ فأستغفرى اللّهَ وتُوبى إليه فإنّ العبد إذا اعترف بذنْبه ثم تاب تاب اللّهُ عليه فلما قضى رسولُ اللّه صلعم مقالتَه قَلَصَ دمعى حتى ما أُحِسُّ منه قطرةً وقلتُ لأبى أجِبْ عنّى رسولَ اللّه صلعم قال واللّه ما أَدْرِى ما أقول لرسول اللّه صلعم فقلت لأمّى أجيبى عنّى رسول اللّه صلعم فيما قال قالت واللّه ما أدرى ما أقول لرسول اللّه صلعم قالت وأنا جارية حديثةُ السنّ لا أقرأ كثيرا من القرآن فقلت إنى واللّه لقد علمتُ أنكم سمعتم ما يتحدّث به الناسُ ووَقَرَ فى أنفسكم وصدّقتم به ولَئن قلتُ لكم إنى بريئةٌ واللّهُ يَعْلم أنى لَبريئةٌ لا تصدّقونى بذلك ولئن اعترفتُ لكم بامرٍ واللّهُ يعلم أنى بريئة لَتصدّقنى واللّه ما أَجِدُ لى ولكم مَثَلا إلّا أبا يُوسُفَ إذْ قال فصَبْرٌ جميلٌ واللّهُ المُسْتعانُ على ما تَصِفون ثم تحوّلتُ على فراشى وأنا أرجو أن يُبرِّئنى اللّهُ ولكن واللّه ما ظننتُ أن يُنْزل فى شأنى وَحْيا ولأنا أحقرُ فى نفسى من أن يُتكلّمَ بالقرآن فى أمرى ولكنّى كنت أرجو أن يَرى رسولُ اللّه صلعم فى النوم رؤيا تُبَرِّئُنى فواللّه ما رامَ مَجْلسَه ولا خرج أحدٌ من

أهل البيت حتى أُنْزِلَ عليه فأخذه ما كان يأخذه من البُرَحاء حتى إنه لَيتحدّر منه مِثْلُ الجُمانِ من العَرَق فى يومٍ شاتٍ فلما سُرِّىَ عن رسول اللّه صلّعم وهو يَضحك فكان أوّلَ كلمة تكلّم بها أن قال لى يا عائشة احمدى اللّهَ فقد برّأك اللّهُ فقالت لى أُمّى قُومى الى رسول اللّه صلّعم فقلت لا واللّه لا أقوم اليه ولا أحمد إلّا اللّهَ فأنزل اللّهُ تعالى إن الذين جاؤا بالافك عُصْبَةٌ منكم الآيات فلما أنزل اللّه هذا فى بَراءتى قال أبو بكر الصدّيق وكان يُنْفِق على مِسْطَح بن أُثاثةَ لِقرابته منه واللّه لا أُنفق على مسطح شيأ أبدا بعد ما قال لعائشة فأنزل الله تعالى ولا يَأْتَلِ أُولُو الفضلِ منكم والسَّعَةِ الى قوله غَفورٌ رَحيمٌ فقال أبو بكر الصدّيق بلى واللّه إنى لأُحِبُّ أن يغفر اللّهُ لى فرجع الى مسطح الذى كان يُجْرى عليه وكان رسول اللّه صلّعم سَأَلَ زَيْنَبَ بنت جَحْش عن أَمْرى فقال يا زينب ما علمتِ ما رأيتِ فقالت يا رسول اللّه أَحْمِى سَمْعى وبصرى واللّه ما علمتُ عليها إلّا خيرا قالت وهى التى كانت تُساميني فعصمها اللّهُ بالوَرَع * قال وحدثنا فُليح عن هشام بن عُروة عن عُروة عن عائشة وعبدِ اللّه بن الزبير مثلَه * قال وحدثنا فليح عن ربيعة بن أبى عبد الرحمن ويحيى بنِ سعيد عن القاسم بن محمد بن أبى بكر مثله ✿

من كتاب الشُروط

باب الشروط فى الجهاد والمُصالَحة مع أهل الحَرْب وكتابةِ الشروطِ حدثنى عبد الله بن محمد حدثنا عبد الرزّاق أخبرنا مَعْمر قال اخبرنى الزُهرىّ قال أخبرنى عروة بن الزبير عن المِسْوَر بن مَخْرمة ومَرْوانَ يصدّق كُلُّ واحد منهما حديثَ صاحبِه قالا خرج رسول الله صلعم زمنَ الحُدَيْبِيَة حتى إذا كانوا ببعض الطريق قال النبى صلعم إنّ خالد بن الوليد بالغَميم فى خَيْل لقُريش طَليعةً فخُذوا ذاتَ اليمينِ فوالله ما شعر بهم خالدٌ حتى اذا هم بقَتَرةِ الجيش فانطلق يركض نذيرًا لقريش وسار النبى صلعم حتى اذا كان بالثَنيّة التى يُهْبَطُ عليهم منها بركتْ به راحلتُه فقال الناس حَلْ حَلْ فألحّتْ فقالوا خَلَأَتِ القَصْواء خلأت القصواء فقال النبى صلعم ما خلأت القصواء وما ذاك لها بخُلُق ولكن حبسها حابسُ الفِيل ثم قال والذى نفسى بيده لا يسألونى خُطّةً يعظِّمون فيها حُرُماتِ الله إلّا أعطيتُهم إيّاها ثم زجرها فوثبت قال فعدل عنهم حتى نزل بأقْصَى الحُدَيْبية على ثَمَد قليلِ الماء يتبرّضه الناسُ تبرُّضًا فلم يلبِّثْه الناسُ حتى نزحوه وشُكِىَ الى رسول الله صلعم العطشُ فانتزع سَهْمًا من كِنانته ثم أمرهم أن يجعلوه فيه فوالله ما زال يَجيش لهم بالرِىّ حتى صدروا عنه فبينما هم كذلك إذ جاء بُديل بن وَرْقاء الخُزاعىّ فى

نفر من قومه من خُزاعةَ وكانوا عَيْبَةَ نُصْحِ رسولِ اللّه صلّعم من أهل تِهامةَ فقال إنى تركت كعب بن لُؤَىّ وعامر بن لؤى نزلوا أَعْدادَ مِياه الحُديبية ومعهم العُوذُ المطافيلُ وهم مُقاتلوك وصادّوك عن البيت فقال رسول اللّه صلّعم إنّا لم نجئْ لقتالِ أحدٍ ولكنّا جئنا معتمرين وإنّ قُريشا قد نَهِكَتْهم الحربُ وأَضَرَّتْ بهم فإن شاؤا مادَدْتُهم مُدّةً ويُخَلّوا بَيْنى وبين الناس فإن أَظْهَرْ فإن شاؤا أن يدخلوا فيما دخل فيه الناس فَعَلوا وإلّا فقد جَمُّوا وإنْ هُم أَبَوا فوالذى نفسى بيده لأُقاتِلَنّهم على أمرى هذا حتى تنفردَ سالِفتى ولَيُنْفِذَنّ اللّهُ أمرَه فقال بُديل سأبلغهم ما تقول قال فانطلق حتى أَتى قريشا قال إنا قد جئناكم من هذا الرجل وسمعناه يقول قولا فإن شئتم أن نَعْرِضه عليكم فعلنا فقال سُفَهاؤُهم لا حاجةَ لنا أن تُخْبِرنا عنه بشىء وقال ذَوُو الرأْىِ منهم هاتِ ما سمعتَه يقول قال سمعتُه يقول كذا وكذا فحدّثهم بما قال النبى صلّعم فقام عروة بن مسعود فقال أَىْ قومِ ألستم بالوالد قالوا بَلَى قال أولستُ بالولد قالوا بلى قال فهَلْ تتّهمونى قالوا لا قال ألستم تعلمون أنى استنفرتُ أهلَ عُكاظ فلمّا بَلّحوا علىّ جئتُكم بأهلى وولدى ومَن أطاعنى قالوا بلى قال فإنّ هذا قد عَرَضَ لكم خُطّةَ رُشْدٍ اقْبَلوها ودَعونى آتيه قالوا ائْتِه فأتاه فجعلَ يكلّم النبىَ صلّعم فقال النبىُ صلّعم نَحْوًا من

قوله لبُديل فقال عروة عند ذلك أى محمدُ أرأيتَ إن اسْتَأْصَلْتَ أمرَ قومك هل سمعتَ بأحد من العرب اجتاح أهلَه قَبْلك وإن تكن الأُخْرى فانى واللّه لَأَرَى وُجُوهًا وإنى لأرى أشْوابًا من الناس خَليقا أن يَفِرّوا ويَدَعوك فقال له أبو بكر امْصَصْ ببَظْرِ اللات أنحن نفرّ عنه ونَدَعُه فقال مَن ذا قالوا أبو بكر قال أما والذى نفسى بيده لولا يَدٌ كانت لك عندى لم أَجْزِك بها لَأجبتُك قال وجعل يكلّم النبىّ صلعم فكُلّما تكلّم أخذ بلحيته والمُغيرةُ بن شُعْبَةَ قائم على رأسِ النبى صلعم ومعه السيف وعليه المِغفر فكُلّما أَهْوى عروةُ بيده الى لِحْيَة النبى صلعم ضرب يدَه بنَعْل السيفِ وقال له أَخِّرْ يدَك عن لحية رسول اللّه صلعم فرفع عروة رأسه فقال مَن هذا قالوا المغيرةُ بن شعبة فقال أىْ غُدَرُ ألستُ أَسْعَى فى غَدْرتك وكان المغيرةُ صَحِبَ قومًا فى الجاهليّة فقتلهم وأخذ أموالهم ثم جاء فأسلم فقال النبى صلعم أمّا الاسلامَ فأَقْبَلُ وأمّا المالَ فلستُ منه فى شىء ثم إن عروة جعل يرمُقُ أصحابَ النبى صلعم بعَيْنيه قال فواللّه ما تنخّمَ رسولُ اللّه صلعم نُخامةً إلّا وقعتْ فى كفّ رجل منهم فدَلَكَ بها وَجْهَه وجلْدَه واذا أمرهم ابتدروا أمرَه واذا توضّأ كادوا يقتتلون على وَضُوئه واذا تكلّم خفضوا أصواتَهم عنده وما يُحِدّون اليه النظرَ تَعْظيمًا له فرجع عروة الى أصحابه فقال أى قوم واللّه لقد وفدتُ على

الملوك ووفدت على قَيْصَرَ وكِسْرَى والنّجاشيّ والله إن رأيتُ ملكًا قطّ يعظّمه أصحابُه ما يعظّم أصحابُ محمدٍ محمدًا والله إن تنخّم نُخامةً إلّا وقعتْ فى كفّ رجل منهم فدلَكَ بها وجهه وجلده واذا أمَرَهم ابتدروا أمرَه واذا توضّأ كادوا يقتتلون على وَضوئه واذا تكلّم خفضوا أصواتهم عنده وما يُحِدّون اليه النظَرَ تعظيما له وإنه قد عرض عليكم خُطّةَ رُشْدٍ فاقبلوها فقال رجل من بنى كِنانةَ دَعُونى آتِهِ فقالوا ائْتِه فلمّا أشرف على النبى صلعم وأصحابه قال رسول الله صلعم هذا فُلانٌ وهو من قوم يعظّمون البُدْنَ فابعثوها له فبُعِثَتْ له واستقبله الناسُ يُلَبّون فلما رأى ذلك قال سُبْحان الله ما ينبغى لهؤلاء أن يُصَدّوا عن البيت فلما رجع الى أصحابه قال رأيتُ البُدْنَ قد قُلِّدَتْ وأُشْعِرَتْ فما أَرَى أن يُصَدّوا عن البيت فقام رجل منهم يقال له مِكْرَز بنُ حَفْص فقال دعونى آتِه فقالوا ائْتِه فلما أشرف عليهم قال النبى صلعم هذا مِكْرَزٌ وهو رجل فاجرٌ فجعل يكلّم النبىَّ صلعم فبينما هو يكلّمه إذْ جاء سُهيل ابن عمرو * قال مَعْمَرٌ فأخبرنى أيّوبُ عن عِكْرِمةَ أنه لمّا جاء سُهيل بن عمرو قال النبى صلعم لقد سَهُلَ لكم من أمركم * قال معمر قال الزهرىّ فى حديثه فجاء سُهيل بن عمرو فقال هاتِ اكْتُبْ بيننا وبينكم كتابًا فدعا النبىُّ صلعم الكاتبَ فقال النبى صلعم اكتبْ بسم الله الرحمن الرحيم قال سُهيل

أمّا الرحمنُ فوالله ما أدرى ما هو ولكن ٱكتبْ بٱسمك اللهُمّ كما كنتَ تكتب فقال المسلمون والله لا نكتبها إلّا بسم الله الرحمن الرحيم فقال النبى صلّعم اكتب بٱسمك اللهمّ ثم قال هذا ما قاضَى عليه محمد رسولُ الله فقال سُهيل والله لو كنّا نعلم أنك رسول الله ما صددْناك عن البيت ولا قاتلْناك ولكن اكتبْ محمدُ بن عبدِ الله فقال النبى صلّعم والله إنى لَرسول الله وإن كَذّبتمونى ٱكتبْ محمدُ بن عبد الله قال الزُهرىّ وذلك لِقوله لا يسألونى خُطّةً يعظِّمون فيها حُرُماتِ الله إلّا أعطيتُهم إيّاها فقال له النبى صلّعم على أن تُخلّوا بيننا وبين البيت فنطوفَ به فقال سهيل والله لا تتحدّث العربُ أنّا أُخِذنا ضُغْطةً ولكن ذلك من العلم المُقْبِل فكتب فقال سهيل وعلى أنه لا يأتيك منّا رجل وإن كان على دِينك إلّا رددتَه الينا قال المسلمون سبحان اللهِ كيف يُرَدُّ الى المُشْرِكين وقد جاء مُسْلِمًا فبينما هم كذلك إذ دخل أبو جَنْدل بن سهيل ابن عمرو يَرْسُف فى قُيوده وقد خرج من أسْفل مكّةَ حتى رَمَى بنفسه بين أظهُر المسلمين فقال سهيل هذا يا محمد أوّلُ ما أقاضيك عليه أن تردّه الىّ فقال النبى صلّعم إنّا لم نَقْضِ الكتابَ بعدُ قال فوالله إذًا لا أصالحك على شىء أبدا قال النبى صلّعم فأجِزْه لى قال ما أنا بمُجيزِه لك قال بلى فٱفعلْ قال ما أنا بفاعل قال مِكْرَزٌ بَلْ قد أجزناه لك قال أبو

جَنْدل أىْ معشرَ المسلمين أُرَدُّ الى المشركين وقد جئتُ مُسْلما ألا ترون ما قد لقيتُ وكان قد عُذِّب عذابا شديدا فى الله قال فقال عُمر بن الخطّاب فأتيتُ نبىَ الله صلعم فقلتُ ألستَ نبىَّ الله حَقًّا قال بلى قلتُ ألسنا على الحقّ وعدوُّنا على الباطل قال بلى قلت فلِمَ نُعْطى الدنيّةَ فى ديننا إذًا قال إنى رسول الله ولستُ أَعْصيه وهو ناصرى قلتُ أَوَليس كنتَ تحدّثنا أنّا سنأتى البيتَ فنطوف به قال بلى فاخبرتُك أنّا نأْتيه العامَ قال قلتُ لا قال فانك آتيه ومُطّوِّف به قال فأتيتُ أبا بكر فقلت يا أبا بكر أليس هذا نبىَّ الله حقّا قال بلى قلت ألسنا على الحقّ وعدوّنا على الباطل قال بلى قلت فلِمَ نُعْطى الدنيّة فى ديننا إذًا قال أيُّها الرجلُ إنه لَرسول الله وليس يَعْصى ربّه وهو ناصِرُه فاستمسكْ بغَرْزه فوالله إنه على الحقّ قلت أليس كان يحدّثنا أنّا سنأتى البيتَ ونطوف به قال بلى أفأخبرك أنّك تأتيه العامَ قلت لا قال فانك آتيه ومُطّوِّف به قال الزهرىّ قال عمر فعملتُ لذلك أعْمالاً قال فلما فرغ من قَضيّة الكتاب قال رسول الله صلعم لأصحابه قوموا فانْحَرُوا ثم احْلقوا قال فوالله ما قام منهم رجل حتى قال ذلك ثلاثَ مرّاتٍ فلما لم يقُمْ منهم أحد دخل على أُمّ سَلَمَة فذكر لها ما لقى من الناس فقالت أمّ سلمة يا نبىّ الله أتُحبّ ذلك اخرجْ ثم لا تكلِّمْ أحدًا منهم كلمةً

حتى تَنْحَرَ بُدْنَكَ وتدعُوَ حالقَكَ فيَحْلقَكَ فخرج فلم يكلّم أحدا منهم حتى فعل ذلك نَحَرَ بُدْنَه ودعا حالقَه فحلقه فلمّا رأوا ذلك قاموا فنحروا وجعل بعضهم يحلق بعضا حتى كاد بعضهم يقتل بعضا غَمًّا ثم جاءه نسوة مُؤْمنات فأنزل اللّه تعالى يا أيّها الذين آمنوا إذ جاءكم المُؤمناتُ مُهاجراتٍ فامتحنوهنّ حتى بلغ بعِصَمِ الكَوافِرِ فطلّق عُمَرُ يومئذٍ امرأتَيْن كانتا له فى الشرْك فتزوّج إحداهما مُعاويةُ بن أبى سُفْيانَ والأُخْرى صَفْوانُ بن أُمَيَّةَ ثم رجع النبى صلّعم الى المدينة فجاءه أبو بَصير رجلٌ من قريش وهو مُسْلم فأرسلوا فى طلبه رجلَيْن فقالوا العهدَ الذى جعلتَ لنا فدفعه الى الرجلَيْن فخرجا به حتى بلغا ذا الحُلَيْفة فنزلوا يأكلون من تمرٍ لهم فقال أبو بصير لأحدِ الرجلين واللّه انى لَأَرَى سيفَك هذا يا فُلانُ جَيِّدًا فاستلّه الآخَرُ فقال أَجَلْ واللّه إنه لجيّدٌ لقد جرّبتُ به ثم جرّبتُ فقال أبو بصير أَرِنى أَنظُرْ اليه فأَمْكَنَه منه فضربه حتى بَرَدَ وفرّ الآخَرُ حتى أتى المدينةَ فدخل المسجد يَعْدُو فقال رسول اللّه صلّعم حين رآه لقد رأى هذا ذُعْرًا فلما انتهى الى النبى صلّعم قال قُتِلَ واللّهِ صاحبى وإنى لمقتولٌ فجاء أبو بصير فقال يا نبى اللّه قد واللّه أوْفى اللّهُ ذِمّتَك قد رددْتَنى اليهم ثم أنجانى اللّه منهم قال النبى صلّعم وَيْلُ أُمِّهِ مِسْعَرَ حربٍ لو كان له أحدٌ فلما سمع ذلك

عرف أنه سيردّه اليهم فخرج حتى أتى سِيفَ البحرِ قال وينفلتُ منهم أبو جندل بن سهيل فلحق بأبى بصير فجعل لا يخرج من قريش رجل قد أسلم إلّا لحق بأبى بصير حتى اجتمعت منهم عِصابةٌ فواللّه ما يَسْمعون بعِيرٍ خرجتْ لقريش الى الشام إلّا اعترضوا لها فقتلوهم وأخذوا أموالَهم فارسلت قريشٌ الى النبى صلعم تُناشده باللّه والرَحِمِ لمّا أرسل فمَن أتاه فهو آمِنٌ فأرسل النبى صلعم اليهم فانزل اللّه تعالى وهو الذى كَفَّ أَيْدِيَهم عنكم وأيديَكم عنهم ببَطْنِ مَكّةَ مِن بعدِ أن أَظْفركم عليهم حتى بلغ الحَمِيَّةَ حَمِيَّةَ الجاهليّة وكانت حميّتُهم أنهم لم يُقِرّوا أنه نبىّ اللّه ولم يُقرّوا بِبِسْم اللّه الرحمن الرحيم وحالوا بينهم وبين البيت * وقال عُقيل عن الزهرىّ قال عُروة فاخبرتنى عائشةُ أن رسول اللّه صلعم كان يمتحنهنّ وبلغنا أنه لما أنزل اللّه تعالى أن يردّوا الى المُشْركين ما أنفقوا على مَن هاجَر من أزواجهم وحَكَمَ على المسلمين أن لا يمسّكوا بعِصَمِ الكَوافِرِ أنّ عُمر طلّق امرأتَين قَرِيبةَ بنتَ أبى أُمَيّةَ وٱبنةَ جَرْوَلٍ الخُزاعىِّ فتزوج قَريبةَ مُعاويةُ وتزوج الأُخْرَى أبو جَهْمٍ فلما أبى الكُفّارُ أن يُقرّوا بأداء ما أنفق المسلمون على أزواجهم أنزل اللّه تعالى وإنْ فاتَكم شىء من أزواجكم الى الكُفّار فعاقَبْتم والعَقبُ ما يؤدّى المسلمون الى مَن هاجرت امرأتُه من الكُفّار فأمر أن يُعْطَى مَن ذهب له زوجٌ من

المسلمين ما أنفقَ من صَداقِ نساء الكُفّار اللاتى هاجَرْنَ وما نَعْلم أحدًا من المهاجرات ارتدّت بعدَ إيمانِها وبلغنا أن أبا بَصير بن أَسيد الثَقفىّ قدم على النبى صلّعم مؤمنا مهاجرا فى المُدّة فكتب الأخنس بن شَرِيقٍ الى النبى صلّعم يسأله أبا بصير فذكر الحديثَ ✿

من كتاب الوَصايا

باب اذا وقف أرْضًا ولم يبيِّن الحُدُودَ فهو جائزٌ وكذلك الصَدَقةُ حدثنا عبد الله بن مَسْلمة عن مالك عن إسحق ابن عبد الله بن أَبى طَلْحة أنه سمع أَنَس بن مالك يقول كان أبو طلحة أكثرَ أنْصاريٍّ بالمدينة مالًا من نَخْلٍ وكان أحبُّ مالِه اليه بِيرَحاء مستقبلةَ المسجدِ وكان النبى صلّعم يدخلها ويشرب من ماء فيها طيّب قال أنس فلما نزلتْ لَنْ تَنالوا البِرَّ حتى تُنْفقوا ممّا تُحبّون قام أبو طلحة فقال يا رسول الله إن الله يقول لن تنالوا البرّ حتى تنفقوا ممّا تحبّون وإنّ أَحَبَّ أموالى الىّ بيرحاء وإنها صَدَقةٌ لله أرْجو بِرَّها وذُخْرَها عند الله فضَعْها حيثُ أراك اللهُ فقال بَخْ ذلك مالٌ رابحٌ أو رائح شَكَّ ابنُ مَسْلمةَ وقد سمعتُ ما قلتَ وإنى أَرَى أن تَجْعلها فى الأَقْرَبين قال أبو طلحة أفعلُ ذلك يا رسول الله فقسمها أبو طلحة فى أَقارِبِه وبنى عمِّه* وقال إسمعيلُ وعبد الله بن يوسف ويَحْيَى بن يحيى عن

مالك رائحٌ حدثنا محمد بن عبد الرحيم أخبرنا روحُ بن عُبادَةَ حدثنا زكريّاء بن اسحق قال حدثنى عمرو بن دينارٍ عن عِكْرِمة عن ابن عبّاس أن رجلا قال لرسول اللّه صلّعم إن أُمّى تُوُفّيَتْ أَيَنْفَعُها إن تصدّقتُ عنها قال نعم قال فانّ لى مِخْرافًا وأُشْهِدُك أنى قد تصدّقتُ به عنها »، باب اذا أَوْقَفَ جماعةٌ أرضًا مُشاعًا فهو جائزٌ حدثنا مسدّد حدثنا عبد الوارث عن أبى التَيّاح عن أنس قال أمر النبى صلّعم ببناء المسجدِ فقال يا بَنِى النَجّارِ ثامِنونى بحائطكم هذا قالوا لا واللّه لا نَطْلب ثمنَه إلّا الى الله »، باب الوَقْف كَيْفَ يُكْتَبُ حدثنا مسدّد حدثنا يزيد بن زُرَيعٍ حدثنا ابن عون عن نافع عن ابن عمر قال أصاب عمرُ بخَيْبَرَ أرضًا فأتى النبىَ صلّعم فقال أصبتُ أرضا لم أُصِبْ مالًا قطُّ أَنْفَسَ منه فكيف تأمرنى به قال إن شئتَ حبّستَ أَصْلَها وتصدّقتَ بها فتصدّق عمرُ أنه لا يُباعُ أصلُها ولا يُوهَبُ ولا يورَثُ فى الفُقَراء والقُرْبَى والرِقاب وفى سبيل اللّه والضيْفِ وابنِ السبيل لا جُناحَ على مَن وليها أن يأكل منها بالمعروف أو يُطْعِمَ صَديقا غيرَ متموّلٍ فيه »، باب الوقف للغَنىّ والفقيرِ والضيفِ حدثنا أبو عاصم حدثنا ابن عون عن نافع عن ابن عمر أن عمر وجد مالًا بخَيْبر فأتى النبى صلّعم فأخبره قال إن شئتَ تصدّقتَ بها فتصدّق بها فى الفُقراء والمساكين وذى القُرْبَى والضيْف »،

بابٌ وَقْفِ الأرض للمَسْجِد حدثنا إسحٰق حدثنا عبد الصَمَد قال سمعت أبى حدثنا أبو التَيّاح قال حدثنى أنس ابن مالك لمّا قدم رسولُ اللّه صلّعم المدينةَ أمر بالمسجد وقال يا بنى النَجّار ثامِنونى بحائطكم هذا قالوا لا واللّه لا نطلب ثمنَه إلّا الى اللّه ،، بابٌ وقفِ الدوابِّ والكُراعِ والعُروضِ والصامتِ قال الزهرىّ فيمَنْ جعل أَلْفَ دينارٍ فى سبيل اللّه ودفعها الى غُلام له تاجرٍ يَتْجِرُ بها وجعل رِبْحَه صَدَقةً للمساكين والأقْربين هَلْ للرجل أن يأكل من رِبْح ذلك الألف شيأً وإن لم يكن جعل ربحها صدقة فى المساكين قال ليس له أن ياكل منها حدثنا مسدّد حدثنا يحيى حدثنا عُبيد اللّه قال حدثنى نافع عن ابن عمر أنّ عمر حَمَلَ على فَرَسٍ له فى سبيل اللّه أعْطاها رسولَ اللّه صلّعم ليَحْمِلَ عليها رجلا فأُخْبِرَ عمرُ أنه قد وَقَفَها يَبيعُها فسأل رسولَ اللّه صلّعم أن يَبْتاعَها فقال لا تبتعْها ولا تَرْجِعَنّ فى صَدَقَتك ۞

من كتاب الجهاد

بابٌ الدُعاء بالجهاد والشَهادة للرجال والنساء وقال عمر اللّهُمّ ارْزُقْنى شهادةً فى بَلَد رسولِك حدثنا عبد اللّه بن يوسف عن مالك عن إسحٰق بن عبد اللّه بن أبى طَلْحة عن أنس بن مالك أنه سمعه يقول كان رسول اللّه صلّعم يدخل على أمِّ حَرامٍ بنتِ مِلْحانَ فتُطْعِمُه وكانت أمّ حرام تَحْتَ

عُبادَةَ بنِ الصامتِ فدخل عليها رسول اللّه صلعم فأطعمته وجعلتْ تَفْلِى رأسَه فنام رسول اللّه صلعم ثمّ استيقظ وهو يضحكُ قالت فقلتُ وما يُضْحِكُكَ يا رسول اللّه قال ناسٌ من أُمّتى عُرِضوا علىَّ غُزاةً فى سبيل اللّه يركبون ثَبَجَ هذا البحرِ مُلوكًا على الأَسِرّة أو مِثْلَ الملوك على الأسرّة شكَّ إسحق قالت فقلتُ يا رسول اللّه ٱدْعُ اللّه أن يجعلنى منهم فدعا لها رسولُ اللّه صلعم ثمّ وضع رأسَه ثمّ استيقظ وهو يضحكُ فقلتُ وما يُضْحِكُكَ يا رسول اللّه قال ناس من أُمّتى عُرِضوا علىّ غُزاةً فى سبيل اللّه كما قال فى الأوّل قالت فقلت يا رسول اللّه ٱدعُ اللّهَ أن يجعلنى منهم قال أنتِ من الأوّلين فركِبَتِ البحرَ فى زمن مُعاويةَ بنِ أبى سُفْيانَ فصُرِعَتْ عن دابّتها حين خرجت من البحر فهلكتْ ، باب الحُورِ العِينِ وصِفَتِهِنّ يَحارُ فيها الطرْفُ شديدةُ سَوادِ العَيْنِ شديدةُ بَياضِ العَيْنِ وزوّجناهم بحُورٍ أنكحناهم حدّثنا عبد اللّه بن محمد حدّثنا مُعاويةُ بن عمرو حدّثنا أبو إسحق عن حُميد قال سمعتُ أنَس بن مالك عن النبى صلعم قال ما مِن عبدٍ يَموتُ له عند اللّه خيرٌ يسُرُّه أن يرجع الى الدُنْيا وأنّ له الدنيا وما فيها إلّا الشهيدَ لِمَا يَرَى مِن فضل الشهادة فانه يسُرّه أن يرجع الى الدنيا فيُقْتَلَ مَرّةً أخرى قال وسمعتُ أَنس بن مالك عن النبى صلعم أنه قال لَرَوْحةٌ فى سبيل اللّه أو غَدْوةٌ خيرٌ

من الدنيا وما فيها ولَقَابُ قَوْسِ أحدِكم من الجَنّة أو موضعُ قيدِه يَعْنِى سَوْطَه خيرٌ من الدنيا وما فيها ولو انّ امرأةً من أهل الجنّة اطّلعَتْ الى أهل الأرض لَأضاءتْ ما بينهما ولملأتْه رِيحًا ولَنَصيفُها على رأسها خيرٌ من الدنيا وما فيها،

باب قول اللّه تعالى مِن المؤمنين رِجالٌ صَدَقوا ما عاهدوا اللّهَ عليه فمنهم مَن قَضَى نَحْبَه ومنهم مَن ينتظِرُ وما بدّلوا تَبْديلًا

حدثنا محمد بن سَعيد الخُزاعىُّ حدثنا عبد الأَعْلَى عن حُميد قال سألتُ أَنَسًا وحدثنا عمرو بن زُرارَةَ حدثنا زِيادٌ قال حدثنى حُميدٌ الطَويلُ عن أَنَس قال غاب عَمّى أَنَس ابن النَضْر عن قِتال بَدْرٍ فقال يا رسول اللّه غِبْتُ عن أوّلِ قتالٍ قاتلتَ المشركين لَئِنِ اللّهُ أَشْهدنى قتالَ المشركين لَيَرَيَنَّ اللّهُ ما أَصْنَعُ فلما كان يومُ أُحُد وانكشف المسلمون قال اللّهمّ إنى أعتذرُ اليك ممّا صنع هؤلاءِ يَعْنِى أصحابَه وأَبرأُ اليك ممّا صنع هؤلاء يعنى المشركين ثمّ تقدّم فاستقبله سَعْدُ بن مُعاذ فقال يا سعدُ بنَ معاذ الجَنّةَ وربِّ النَضْرِ إنى أَجِدُ رِيحَها من دُونِ أُحُد قال سعدٌ فما استطَعْتُ يا رسول اللّه ما صنع قال أَنَس فوجدنا به بِضْعًا وثمانين ضربةً بالسيف او طعنةً برُمْحٍ أو رَمْيةً بسَهْم ووجدناه قد قُتل وقد مَثَّلَ به المشركون فما عرفه أَحَدٌ إلّا أُخْتُه ببنَانه قال أنس كنّا نُرَى أو نظُنّ أن هذه الآية نزلتْ فيه وفى أَشْباهِه من المؤمنين رجالٌ

صَدَقوا ما عاهدوا اللّٰه عليه الى آخر الآيَة وقال إنّ أُخْتَه وهي
تُسَمّى الرُّبَيِّعَ كَسَرَتْ ثَنِيَّةَ امرأةً فـأَمـر رسول اللّٰه صلّعم
بالقصاص فقال أَنَس يا رسول اللّٰه والذى بعثك بالحقّ لا تُكْسَرُ
ثَنيَّتها فرَضوا بالأَرْش وتركوا القصاصَ فقال رسول اللّٰه صلّعم
انّ من عباد اللّٰه مَن لـو أَقسم عـلى اللّٰه لأَبَرَّه ،، باب مَن
أَتاه سهمٌ غَرْبٌ فقتله حدَّثَنا محمد بن عبد اللّٰه حدثنا
حُسين بن محمد أبو أحمد حدثنا شَيْبانُ عن قَتادةَ حدثنا
أَنَس بن مالك أن أُمَّ الرُّبَيِّعِ بنتَ البَراء وهي أُمّ حارثةَ بنِ
سُراقة أتت النبيَّ صلّعم فقالت يا نبى اللّٰه أَلا تُحَدِّثُنى عن
حارثةَ وكان قُتل يومَ بدر أَصابَه سهمٌ غَرْبٌ فان كان فى
الجنّة صبرتُ وان كان غيرَ ذلك اجتهدتُ عليه فى البُكاء قال
يا أُمَّ حارثةَ انها جِنانٌ فى الجنّة وانّ ابنَك أصاب الفِرْدَوْسَ
الأعلى ،، بابُ فَضْلِ النَفَقَةِ فى سبيل اللّٰه حدَّثَنا محمد بن
سِنان حدثنا فُلَيْحٌ حدثنا هلال عن عَطاء بن يَسارٍ عن
أبى سَعيد الخُدْرِىِّ أن رسول اللّٰه صلّعم قام على المِنْبَر فقال
إنَّما أَخْشى عليكم من بعدى ما يُفْتَحُ عليكم من بَركات
الأَرض ثُمَّ ذكر زَهْرَةَ الدُنْيا فبدأَ بـاحْـداها وثَنَّى بالأُخْرى
فقام رجل فقال يا رسول اللّٰه أَوَيَـأْتى الخيرُ بالشرِّ فسَكَتَ عنه
النبىُّ صلّعم قُلْنا يُوحى اليه وسكت الناسُ كأنَّ على رُءوسِهِم
الطَّيْرَ ثم إنه مَسَحَ عن وجهه الرُحَضاء فقال أَيْنَ السائلُ آنِفًا

أَوَخَيرٌ هو ثلاثًا إنّ الخير لا يأتى إلّا بالخير وإنّ ممّا يُنْبِتُ الرَبيعُ ما يَقْتل حَبَطًا أَوْ يُلِمّ إلّا آكلَةَ الخَضِرِ أَكَلَتْ حتى اذا امتدّتْ خاصِرَتاها استقبلَت الشمسَ فثَلَطتْ وبالَت ثم رَتَعت وإنّ هذا المال خَضِرةٌ حُلْوةٌ ونِعْمَ صاحبُ المسلم لِمَن أخذه بحقّه فجعله فى سبيل الله واليَتامَى والمساكين ومَن لم يأخذْه بحقّه فهو كالآكلِ الذى لا يَشْبَعُ ويكونُ عليه شهيدًا يومَ القيامة». باب قتْلِ النائم المُشْرِك حدثنا علىُّ بنُ مسلم حدثنا يَحْيَى بن زكريّاء بنِ أبى زائدةَ قال حدثنى أَبى عن أبى إسحق عن البَرَاء بن عازِب قال بعث رسول الله صلعم رَهْطا من الأنصار الى أبى رافعٍ ليقتلوه فانطلق رجل منهم فدخل حِصْنهم قال فدخلتُ فى مَرْبط دَوابَّ لهم قال وأَغْلقوا بابَ الحصن ثم إنهم فَقَدوا حِمارًا لهم فخرجوا يطلبونه فخرجتُ فيمَنْ خرج أُريهم أننى أطلبُه معهم فوجدوا الحمارَ فدخلوا ودخلتُ وأغلقوا باب الحصن ليلًا فوضعوا المفاتيحَ فى كَوّةٍ حيثُ أَراها فلما ناموا أخذتُ المفاتيح ففتحتُ باب الحصن ثم دخلت عليه فقلت يا أبا رافعٍ فأجابنى فتعمّدتُ الصوتَ فضربته فصاح فخرجتُ ثم رجعتُ كأنى مُغيثٌ فقلت يا أبا رافع وغيّرتُ صوتى فقال ما لك لِأُمّك الوَيْلُ قلت ما شأْنُك قال لا أدرى مَن دخل علَىَّ فضربنى قال فوضعت سَيْفى فى بطنه ثم تحاملتُ عليه حتى قَرَعَ العَظْمَ ثم خرجت وانا دَهِشٌ

فأتيت سُلَّمًا لهم لأنزلَ منه فوقعت فوُثِئَتْ رِجْلى فخرجت الى أصحابى فقلت ما أنا ببارحٍ حتى أسمعَ الناعيةَ فما برحتُ حتى سمعت نعايا أبى رافع تاجرِ أهلِ الحجازِ قال فقمت وما بى قَلَبَةٌ حتى أتينا النبىَّ صلعم فأخبرناه، باب الكَذِبِ فى الحَرْب حدثنا قُتيبة بن سعيد حدثنا سُفْيان عن عمرو ابن دينارٍ عن جابر بن عبد الله ان النبى صلعم قال مَنْ لكَعْبِ بن الأَشْرَف فانه قد آذى اللهَ ورسولَه قال محمد بن مَسْلمة أتُحِبُّ أن أقتُلَه يا رسول الله قال نعم قال فأتاه فقال إنّ هذا يَعْنى النبىَّ صلعم قد عنّانا وسألنا الصَدَقةَ قال وأيضًا والله لتَمَلُّنَّه قال فانّا قد اتّبَعْناه فنَكْرَهُ أن نَدَعَه حتى ننظر الى ما يَصير أَمْرُه قال فلم يزل يكلّمه حتى استمكن منه فقتله، باب الحَرْبِىِّ اذا دخل دارَ الاسلام بغيرْ أَمانٍ حدثنا أبو نُعيم حدثنا أبو العُميس عن إياسِ بن سَلَمةَ بن الأَكْوَع عن أبيه قال أتى النبىَّ صلعم عَيْنٌ من المشركين وهو فى سفر فجلس عند أصحابه يتحدّث ثم انفتل فقال النبىُّ صلعم أطلبوه وأقتلوه فقتله فنفّله سَلَبَه، باب يُقاتَلُ عن أهل الذمّة ولا يُسْتَرقُّون حدثنا موسى بن إسمعيل حدثنا أبو عَوانة عن حُصين عن عمرو بن مَيْمون عن عمر رضى الله عنه قال وأُوصيه بذمّة الله وذمّة رسولِه صلعم أن يُوفَى لهم بعَهْدِهم وأن يُقاتَل مِن ورائهم ولا يُكلّفوا إلّا طاقتَهم باب

جَوائزِ الوَفْدِ»، بابٌ هَلْ يُسْتَشفَعُ الى أهل الذمّة ومُعامَلَتِهم حدثنا قَبيصةُ حدثنا ابن عُيَيْنَة عن سليمانَ الأَحْوَلِ عن سَعيد بن جُبير عن ابن عبّاس أنه قال يومُ الخَميسِ وما يومُ الخميسِ ثم بَكَى حتى خضب دمعُه الحَصْباءَ فقال آشتدّ برسول الله صلعم وَجَعُه يوم الخميس فقال ائْتُونى بكتابٍ أَكْتُبْ لكم كِتاباً لن تَضِلّوا بعدَه أبدًا فتَنازعوا ولا يَنْبغى عند نبيٍّ تنازُعٌ فقالوا هَجَرَ رسولُ الله صلعم قال دَعُونى فالّذى أنا فيه خيرٌ ممّا تدعونى اليه وأَوْصَى عند موته بثلاثٍ أَخْرِجوا المشركين من جَزيرة العَرَبِ وأَجِيزوا الوَفْدَ بنَحْوِ ما كنتُ أُجيزُهم ونَسِيتُ الثالثةَ وقال يعقوب بن محمد سألتُ المُغيرةَ ابنَ عبد الرحمن عن جزيرة العرب فقال مَكّةُ والمدينةُ واليَمامةُ واليَمَنُ وقال يعقوبُ والعَرْجُ أوّلُ تِهامةَ ۞

من كتاب الطِبّ

بابُ ما يُذْكر فى الطاعون حدثنا حفص بن عمر حدثنا شُعبة قال أخبرنى حبيب بن أبى ثابت قال سمعت ابراهيم بن سعد قال سمعت أُسامة بن زيد يحدّث سعدا عن النبى صلعم قال اذا سمعتم بالطاعون بأرض فلا تدخلوها واذا وقع بأرض وأنتم بها فلا تخرجوا منها فقلتُ أنت سمعته يحدّث سعدا ولا يُنْكره قال نعم حدثنا عبد الله بن يوسف أخبرنا مالك عن ابن شهاب عن عبد الحميد بن عبد الرحمن بن

زيد بن الخطّاب عن عبد الله بن عبد الله بن الحٰرث بن نوفل عن عبد الله بن عباس أن عمر بن الخطّاب رضى الله عنه خرج الى الشام حتى اذا كان بسَرْغَ لقيه أمراء الاجناد أبو عُبيدة بن الجرّاح وأصحابه فاخبروه أن الوباء قد وقع بأرض الشام قال ابن عباس فقال عمر ادْعُ لى المهاجرين الاوّلين فدعاهم فاستشارهم وأخبرهم ان الوباء قد وقع بالشام فاختلفوا فقال بعضهم قد خرجتَ لأمرٍ ولا نرى ان ترجع عنه وقال بعضهم معك بقيّة الناس وأصحابُ رسول الله صلّعم ولا نرى ان تُقْدمهم على هذا الوباء فقال ارتفعوا عنى ثم قال ادع لى الانصار فدعوتُهم فاستشارهم فسلكوا سبيل المهاجرين واختلفوا كاختلافهم فقال ارتفعوا عنى ثم قال ادع لى مَن كان هٰهنا من مَشْيخةِ قريش من مُهاجرة الفتح فدعوتُهم فلم يختلف منهم عليه رجلان فقالوا نرى أن ترجع بالناس ولا تقدمهم على هذا الوباء فنادى عمر فى الناس إنى مصبّح على ظَهْر فأَصْبِحوا عليه قال أبو عبيدة بن الجراح أفِرارًا من قَدَر الله فقال عمر لو غيرك قالها يا أبا عبيدة نعم نَفِرّ من قدر الله الى قدر الله أرأيتَ لو كان لك إبل هبطتْ واديًا له عُدْوتانِ إحداهما خَصِبة والاخرى جَدْبة أليس ان رعيتَ الخصبة رعيتها بقدر الله وان رعيت الجدبة رعيتها بقدر الله قال فجاء عبد الرحمن بن عوف وكان متغيّبا فى بعض حاجته

فقال ان عندی فی هذا علما سمعت رسول الله صلعم يقول اذا سمعتم به بارض فلا تقدموا عليه واذا وقع بارض وأنتم بها فلا تخرجوا فرارا منه قال فحمد الله عمر ثم انصرف،

باب السِّحْر وقول الله تعالى ولكن الشياطين كفروا يعلّمون النّاسَ السحر وما أُنزِلَ على المَلَكَيْن ببابِلَ هاروتَ وماروتَ وما يعلّمان من أحد حتى يقولا انما نحن فِتْنة فلا تكفُرْ فيتعلّمون منهما ما يفرّقون به بين المرء وزوجه وما هم بضارّين به من أحدٍ الّا باذن الله ويتعلّمون ما يضُرّهم ولا ينفعهم ولقد علموا لَمَن اشتراه ما له فی الآخرة من خَلاق وقولِه تعالى ولا يُفْلِح الساحرُ حيث أَتى وقولِه أفتأتون السحرَ وأنتم تُبْصرون وقوله يُخَيَّلُ اليه من سحرهم أنها تَسْعَى وقوله ومن شرّ النفّاثات فی العُقَد والنفاثات السواحر تُسْحَرون تعمَّون حدثنا ابراهيم بن موسى أخبرنا عيسى بن يونس عن هشام عن أبيه عن عائشة رضى الله عنها قالت سَحَرَ رسولَ الله صلعم رجل من بنى زُرَيق يقال له لَبيد بن الاعصم حتى كان رسول الله صلعم يُخَيَّلُ اليه أنه كان يفعل الشیء وما فعله حتى اذا كان ذات يوم أو ذات ليلة وهو عندی لكنّه دعا ودعا ثم قال يا عائشة أشعرتِ ان الله أفتانی فيما استفتيتُه فيه أتانی رجلان فقعد أحدُهما عند رأسی والآخر عند رجلیّ فقال أحدهما لصاحبه ما وَجَعُ الرجلِ

فقال مطبوبٌ قال مَن طَبَّه قال لبيد بن الاعصم قال فى أىّ شىء قال فى مُشْط ومُشاطَة وجُفِّ طلْعِ نخْلة ذَكَرٍ قال وأين هو قال فى بئرِ ذَرْوانَ فاتاها رسول اللّه صلّعم فى ناس من أصحابه فجاء فقال يا عائشة كأن ماءها نُقاعة الحِنّاء أو كأن رؤس نخلها رُؤس الشياطين قلت يا رسول اللّه أفلا استخرجتَه قال قد عافانى اللّه فكرهتُ أن أثوّر على الناس فيه شرًّا فامر بها فدُفِنَتْ ۞

من كتاب الدِيات

بابُ القَسامة وقال الاشعث بن قيس قال النبى صلّعم شاهِداك أو يَمينُه وقال ابن أبى مُليكة لم يُقِدْ بها معاويةُ وكتب عمر ابن عبد العزيز الى عدىّ بن أرطاة وكان أمّره على البصرة فى قتيل وُجد عند بيت من بيوت السمّانين إن وجد أصحابُه بيّنةً والّا فلا تَظْلم الناسَ فانّ هذا لا يُقْضى فيه الى يوم القيامة حدثنا أبو نُعيم حدثنا سعيد بن عبيد عن بُشير بن يسار زعم أن رجلا من الانصار يقال له سهل بن أبى حَثْمة أخبره أن نفرا من قومه انطلقوا الى خَيْبَرَ فتفرّقوا فيها ووجدوا أحدَهم قتيلا وقالوا للذى وُجد فيهم قتلتم صاحبنا قالوا ما قتلنا ولا علمنا قاتلا فانطلقوا الى النبى صلّعم فقالوا يا رسول اللّه انطلقنا الى خيبر فوجدنا أحدنا قتيلا فقال الكُبْرَ الكُبْرَ فقال لهم تاتون بالبيّنة على مَن قتله قالوا ما

لنا بينة قال فيَحْلِفون قالوا لا نرضى بأيْمان اليهود فكره رسول الله صلعم أن يُبْطِلَ دمَه فوداه مائةً من ابل الصدقة حدثنا قتيبة بن سعيد حدثنا أبو بشر اسمعيل بن ابراهيم الاسدى حدثنا الحجّاج بن أبى عثمان حدثنى أبو رجاء من آل أبى قِلابة حدثنى أبو قلابة أن عمر بن عبد العزيز أبرز سريرَه يوما للناس ثم أذن لهم فدخلوا فقال ما تقولون فى القسامة قال نقول القسامة القَوَدُ بها حقٌّ وقد أقادت بها الخلفاء قال لى ما تقول يا أبا قلابة ونصبنى للناس فقلتُ يا أمير المؤمنين عندك رؤس الاجناد وأشراف العرب أرأيت لو أن خمسين منهم شهدوا على رجل مُحْصَن بدمشق أنه قد زنى لم يروه أكنتَ ترجمه قال لا قلت أرأيت لو أن خمسين منهم شهدوا على رجل بحِمْصَ أنه سرق أكنتَ تقطعه ولم يروه قال لا قلت فوالله ما قتل رسول الله صلعم أحدا قطُّ إلا فى احدى ثلاث خِصالٍ رجلٌ قَتَلَ بجريرةِ نفسه فقُتل أو رجل زنى بعد إحصان أو رجل حارب اللهَ ورسوله وارتدّ عن الاسلام فقال القوم أوليس قد حدّث أنسُ بن مالك أن رسول الله صلعم قطع فى السرق وسَمَرَ الاعينَ ثم نبذهم فى الشمس فقلتُ أنا أحدّثكم حديثَ أنس حدثنى أنس ان نفرا من عُكْل ثمانيةً قدموا على رسول الله صلعم فبايعوه على الاسلام فاستوخموا الارضَ فسقمت اجسامُهم فشكوا ذلك الى رسول الله

صلّعم قال أفـلا تخـرجون مـع راعيـنـا فى إبـله فتنصيبون من ألبانها وأبوالها قالوا بلى فخرجوا فشربـوا مـن ألبانها وأبـوالها فـصَـحّـوا فقتلوا راعِـىَ رسول الله صلّعم وأطـردوا النعمَ فبلغ ذلك رسـول اللّـه صلّعم فارسل فى آثارهم فأُدركوا فجىءَ بهم فامر بـهم فقُطعت أيـديهم وأرجلهم وسمّر أعينَهم ثم نبذهم فى ⁵ الشمس حـتى مَاتـوا قلتُ وأىّ شىء أشدّ ممّا صنع هؤلاءِ ارتدّوا عن الاسلام وقتلوا وسرقوا فقال عَنْبَسة بن سعيد واللّه إنْ سمعـتُ كاليوم قـطُّ فقلت أتـردّ عـلى حديثى يا عنبسة قال لا ولكن جئـتَ بالحديث عـلى وجهه واللّه لا يـزال هـذا الجندُ بخير ما عاش هـذا الشيخُ بين أظهرهم قلتُ وقد كان ¹⁰ فى هذا سُنّة من رسول الله صلّعم دخل عليه نفر من الانصار فتحدّثوا عنده فخرج رجل منهم بين أيديهم فقُتل فخرجوا بعده فاذا هم بصاحبهم يتشحّط فى الـدم فرجعوا الى رسول اللّه صلّعم فقالوا يا رسول اللّـه صاحبنا كان يتحـدّث معنا فخرج بين أيدينا فاذا نحن به يتشحّط فى الدم فخرج رسول ¹⁵ اللّه صلّعم فقـال بمـن تظنّون أو تـرون قَتَلَه قالوا نـرى ان اليهود قتلتْه فأرسل الى اليهود فدعاهم فقال آنتم قتلتم هـذا قالوا لا قال أتترضَون نَفَلَ خمسين من اليهود ما قتلوه فقالوا ما يبالون أن يقتلونا أجمعـين ثـم ينتفلون قال أفتستحقّون الدِيَةَ بأيمان خمسين منكم قالوا ما كُنّا لنَحْلِفَ فوداه مـن ²⁰

عنده قلت وقد كانت هُذيل خلعوا خليعا لهم فى الجاهليّة فطرق أهلَ بيت من اليمن بالبَطْحاء فانتبهَ له رجلٌ منهم فحذفه بالسيف فقتله فجاءت هذيل فاخذوا اليمانىَ فرفعوه الى عمر بالموسم وقالوا قتل صاحبَنا فقال انهم قد خلعوه فقال يُقْسم خمسون من هذيل ما. خلعوه قال فأقسم منهم تسعة وأربعون رجلا وقدم رجل منهم من الشأم فسألوه أن يقسم فافتدى يمينَه منهم بألف درهم فادخلوا مكانه رجلا آخر فدفعه الى أخى المقتول فقُرنت يده بيده قال فانطلقا والخمسون الذين أقسموا حتى اذا كانوا بنَخْلَةَ أخذتهم السماء فدخلوا فى غار فى الجبل فانهجم الغار على الخمسين الذين أقسموا فماتوا جميعا وأُفلت القرينان واتّبعهما حجر فكسر رِجْلَ أخى المقتول فعاش حَوْلا ثم مات قلتُ وقد كان عبد الملك بن مروان أقاد رجلا بالقسامة ثم ندم بعد ما صنع فامر بالخمسين الذين أقسموا فمُحوا من الديوان وسيّرهم الى الشأم ۞

NOTES

ANMERKUNGEN

ABBREVIATIONS

Wr. = Wright, *Grammar of the Arabic Language*; third Ed., revised by W. Robertson Smith and M. J. de Goeje. Cambridge, 1896—1898.

Casp. = Caspari, *Arabische Grammatik*; fünfte Aufl., bearbeitet von August Müller. Halle, 1887.

Nöld., *Zur Gramm.* = Nöldeke, *Zur Grammatik des classischen Arabisch* (Denkschr. der Kais. Akad. der Wissenschaften in Wien, philosoph.-histor. Classe, Bd. XLV.). Wien, 1896.

١, 4 Al-Laiṯ ibn Saʿd † 175. One of the best-known Egyptian collectors of traditions — Einer der bekanntesten ägyptischen Ḥadīṯ-Sammler

9 لصلاة Wr. II p. 71 B, Casp. § 399

10 اذا كبّر *When he cried "Allāh akbar!"* at the beginning of the prayer — *Als er* am Anfang des Gebetes *„Allāh akbar!" rief*

12 يعوف Wr. II p. 29 C, Casp. § 380, 3

» غير مفترش ولا قابضهما *Neither spreading them* (his arms) *wide nor holding them close to his body* — *Indem er sie* (die Arme) *weder weit ausbreitete noch dicht an den Körper hielt*

13 قابضهما Wr. II p. 209 A, Casp. § 448, 4, Anm. a

٢, 6 رفث *He used obscene language* — *Er redete obscön*

7 *Then let him say twice*, etc. — *Er rufe dann zweimal*, u. s. w.

» والذى Wr. II p. 175 BD, Casp. § 431, Anm.

9 بعشر Wr. II p. 161 B, Casp. § 423, c, unten

11 The Caliph ʿOmar ibn al-Ḫaṭṭāb

12ff. فتنة may mean either "temptation" or "civil war"; and Ḥuḏaifa showed ʿOmar that he had preserved in his memory (حفظ) a tradition including both senses of the word — فتنة kann sowohl „Versuchung" als „Bürgerkrieg" bedeuten; und Ḥuḏaifa zeigte ʿOmar, dass er eine Ueberlieferung, welche beide Bedeutungen umfasste, im Gedächtniss aufbewahrt hatte (حفظ)

14 نذ Wr. I p. 265 A, Casp. § 338

15ff. A veiled allusion to the assassination of the Caliph ʿOṯmān (35 A.H.), the beginning of the endless schism and strife (فـتـنـة) in Islam — Verhüllte Anspielung auf die Ermordung des Caliphen ʿOṯmān (35 A.H.), welche der Anfang der endlosen Zwiespalt und Empörung (فتنة) im Islam bildete

17 مسروق [ابن الاجدع]

18 غد Wr. II p. 206 A, Casp. § 448, 1

٣, 6 Chapter-division without a title — Kapiteleintheilung ohne Titel

8f. *Which one of us will join you soonest* (i. e., in death)? — *Welche von uns wird dich am schnellsten erreichen* (d. h., durch den Tod)?

10 بعدُ Wr. I p. 288 B, Casp. § 361

11ff. Observe that for this *bāb* no tradition is given. See the Introduction — Bemerke, dass dieses *Bāb* ohne Tradition geblieben ist. Siehe die Introduction

12f. Koran, Sura 2: 275

14 رجل تصدّق Wr. II p. 317 D, Casp. § 537

15f. Sura 2: 273

۴, 6 أُتِىَ *Word came to him* in a vision or a dream — *Es kam zu ihm* das Wort Gottes in einem Traumgesicht

» لعلّه أن Wr. II p. 108 C

17 قُبِضَ *He died* (lit. *he was taken by God* — *Er starb* (wörtl. *er wurde* von Gott *hinweggenommen*)

18 جَهْد *Fatigue* — *Ermüdung*

20 فتحها علىّ *He interpreted it* (the passage from the Koran) *to me* — *Er erklärte mir ihn* (den Koranvers)

٥, 2 لبّيْك وسعديْك Wr. II p. 74 B, Casp. § 400, 1, Anm. *b*

4 عدتُ فشربتُ *I drank again* — *Ich trank wieder* Wr. II p. 288 A, Casp. § 505

6f. *God gave the matter into the hands of one who had a better right to perform it than thou* — *Gott hat mit der Sache beauftragt einen, der ein besseres Anrecht darauf hatte, wie du*

8 اقرأ لها Wr. II p. 71 B, Casp. § 399

9 حمر النعم *The red* (camels) *of the herd*, proverbial for the most valuable possession — *Die rothen* (Kameele) *der Herde*, sprichwörtlich für den wertvollsten Besitz

16 Najd. The name of a region in the central part of Arabia — Name einer Gegend in Central-arabien

17 قلّما *Rarely* — *Selten.* قلّ (verb) + ما

٩, 2 فأجدني The suffix with reflexive meaning — Suffix mit Reflexivbedeutung. Wr. II p. 272 B, Casp. § 500, mitte

» عاف (med. *i*) *He loathed* the food — *Er empfand Widerwillen* gegen die Speise

7 اهلّها Wr. II p. 336, A B, Casp. § 556, 1

٧, 6 او يلعقها *Or* until *he lets* some one else *lick them* (Food is blessed!) — *Oder* bis *er* einen anderen *sie ablecken lässt* (Die Speise ist gesegnet!)

14 كثيرا [حَمْدًا] Wr. II p. 72 D, 74 BC, Casp. § 400, 1, 2

15 غير ..... عنه Perhaps best understood as refer-

ring to the praise (حمدا) — Vielleicht am besten auf das Lob (حمدا) zu beziehen

15 ربّنا Vocative (unless a later exegetical addition, interpreting the suffix in عنه; cf. line 19f.) — Vocativ (wenn nicht ein späterer exegetischer Zusatz, welcher das Suffix in عنه erklären soll; vgl. Zeile 19f.)

17 وقال مرّة I. e., the reporter of the tradition said on another occasion — D. h., der Ueberlieferer sagte bei einer anderen Gelegenheit

٨, 7 خفّه *His shoe* — *Seinen Schuh*

» امسكه بفيه Since he needed both hands for climbing out of the well — Da er beide Hände gebrauchen musste, um aus dem Brunnen herauszusteigen

8 اجر The divine *reward* — Die göttliche *Belohnung*

9 كلّ كبد رطبة *Every liver moist* with the fluid of life, i. e. every living creature — *Jede* mit dem Lebenssaft *feuchte Leber*, d. h. jedes lebendige Wesen

» تابعه على فلان *He traced it* (the tradition) *to the*

authority of Such-a-one — *Er führte sie* (die Ueberlieferung) *bis auf die Autorität des N.N. zurück*

12 صلاة الكسوف The prayer at an eclipse of the sun — Das bei Gelegenheit einer Sonnenverfinsterung stattfindende Gebet

» فقال I. e. after his return — D. h. nach seiner Rückkehr

13 وأنا معهم *Am I, then, with them* (i. e. with the people of Hell)? Another interpretation: Wilt thou bring the fire so near, *seeing that I am with my companions*, who could be hurt by it? — *Bin ich denn unter ihnen* (d. h. unter den Bewohnern der Hölle)? Eine andere Erklärung: Willst du das Feuer so nahe bringen, *da ich doch unter meinen Gefährten bin*, denen es schaden könnte?

» حسبت انه قال These three words belong to the narrator of the tradition — Diese drei Worte gehören dem Ueberlieferer

14 قال [مُحَمَّدٌ]

16f. بسببها = فيها ; بِسَبَبِ = فى

17 فقال [الله]

18 Wr. I p. 102 C, Casp. § 190, 4

٩, 3 اتأذن لى Since according to custom the one on the right hand had the preference — Da gemäss der Sitte der auf der rechten Seite stehende den Vorzug hatte

4 ما كنت لأوثر Wr. II p. 28 D, 29 A, Casp. § 380, 2, Anmerk. *a*

10 يزيد احدهما على الاخر *One of them giving more* of the tradition *than the other* — *Indem der eine mehr* von der Ueberlieferung *als der andere bot*

11 امّ اسمعيل I. e. Hagar; Gen. 21: 19

11f. "*If she had let* the well *Zamzam alone* (*or*, according to another tradition, *his words were*: "*If she had not dipped up the water*") *it would have become a flowing spring*" (i. e. better than what it actually became). Ṭabarī I. 283, l. 5ff., Yāḳūt II. 943, l. 10f. — „*Wenn sie* den Brunnen *Zamzam* unberührt *gelassen* (*oder* nach einer anderen Ueberlieferung *waren seine Worte*: „*Wenn sie das Wasser nicht geschöpft*") *hätte, so wäre er eine fliessende Quelle geworden*" (d. h. besser als das, was er in der That geworden ist)

13 جرهم Jurhum. Name of an ancient Arab tribe which settled near Mekka — Name eines alten Araberstammes, welcher in der Nähe von Mekka sich niederliess

18 بعد العصر This time of day is said to have been held especially sacred by Mohammed — Mohammed soll diese Tageszeit als besonders heilig betrachtet haben

19 اقتطع المال *He obtained a portion of the property — Er erhielt einen Theil des Vermögens*

١٠, 1f. بلغ به النبىّ *He carried it* (the tradition) *back to the Prophet — Er führte sie* (die Ueberlieferung) *bis auf den Propheten zurück*

6 ربطها فى سبيل الله I. e. made the horse ready for the war for Islam — D. h. machte das Pferd bereit für den heiligen Krieg

» اطال لها *He gave it a long tether — Er machte*

ihm (dem angebundenen Pferd) den Strick *lang*

7—10 Whatever the horse enjoys under such circumstances, even without the knowledge or immediate assistance of the man, will be counted for him as a good deed (حسنة) — Jedes, was das Pferd unter solchen Umständen geniesst, sei es auch ohne das Wissen oder die unmittelbare Hilfe seines Besitzers, wird dem letzteren als gutes Werk (حسنة) zugerechnet

7f. طيَلها *Its tether* — *Sein Strick*

9 فاستنّت الخ *And it pranced a course or two* — *Und (wenn) es einen oder zwei Gänge herumgaloppirte*

11f. The man who uses his horse in trade or the conduct of his business, with contentment and self-restraint, not forgetting that God has rights in [the treatment of] the animal itself (رقابها) and in the loads which it carries (ظهورها) — Derjenige, der das Pferd für seine eigenen Geschäftszwecke in Zufriedenheit und Enthaltsamkeit gebraucht, ohne zu vergessen, dass Gott in [der Behandlung des] Thieres selbst (رقابها), sowie in den von ihm getragenen Lasten (ظهورها), gewisse Rechte hat

11 تغنّيا وتعفّفا Wr. II p. 114 CD, Casp. § 409, 3, Anmerk., unten; Nöldeke, *Zur Gramm.* § 28

12 فخرًا الخ Wr. II p. 121 A, Casp. § 409, 4

» رياء Infin. of رأى III.

13 نواء ل *Enmity toward — Feindschaft gegen*

15f. Sura 99: 7f.

19 شارفا (Plur. شُرُف, ١١, 4) *An old she-camel — Eine alte Kameelin*

» يومَ بدر *On the day of* the battle of *Badr — Am Tage* der Schlacht *von Badr*

١١, 2 فاطمة Fāṭima, the Prophet's daughter, whom ʿAlī was about to marry — Fāṭima, die Tochter des Propheten, die ʿAlī im Begriff war, zu heirathen

4 A verse in the وافر meter — Ein Vers im وافر genannten Metrum. Wr. II p. 363 B, Casp. p. 420

» ألا Interjection. حَمْزَ Wr. II p. 88 AB, Casp.

§ 403 a, Anm. *b*. نِواء Plur. of ناوِية *fat* – Plur. von ناوِية, *fett*

5f. قلتُ .... فذهب بها The words of Ibn Juraij — Die Worte von Ibn Juraij

6 ومِن السنام A question — Eine Frage. (= أومِن السنام أَخَذَ). The liver and the hump were considered the choicest parts of the camel — Leber und Buckel galten als die besten Theile des Kameels

14 أُصيب I. e., he was killed — D. h., er wurde getödtet

17 عذق ابن زيد Name of a fine variety of date — Name einer vorzüglichen Dattelart

١٣, 1 ناضح A camel used for *bringing water* — Ein *wassertragendes* Kameel

3 استأذنت *I asked for leave* of absence — *Ich bat um Urlaub*

» حديث عهد بعرس *Newly wedded* — *Neuvermählt*

7 إعياء Infin. of عيّ IV

9 سهم Each soldier's *share* of the booty — Eines jeden Mitkämpfenden *Antheil* der Beute

11ff. Sura 62: 10f.; 4: 33

١٣, 4 الصُّفَّة *The stone bench* in the mosque, on which the homeless poor of Mohammed's adherents used to pass the night — *Die Steinbank* in der Moschee, auf welcher die armen und heimatlosen von Mohammed's Anhängern übernachteten

13f. نزلت لك عنها *I will relinquish her to you — Ich werde sie dir übergeben*

17 أَثَرُ صُفْرَةٍ *A trace of yellow* color, viz. from the cosmetics of the wedding celebration — *Eine Spur der gelben* Farbe, näml. vom Putz der Hochzeitsfeier

19 كَمْ سُقْتَ *How much did you give* (lit. "drive") as the dowry? — *Wie viel hast du* als Mitgift *gegeben* (wörtl. „getrieben")?

١٤, 1ff. Sura 2: 276

7 آخر البقرة *The last* verses *of* the Sura named "*The Cow*" — *Die letzten* Verse *der* „Die *Kuh*" genannten Sura

15 كُلَّمَا *As often as — So oft als*

18 وقال ابن عمر الخ See below, ١٦, 18ff. — Siehe unten, ١٦, 18ff.

١٥, 4 رأيته أكفّه الخ Suffix = الجمل. I. e., I thought I should not be able to sell it — D. h., ich dachte, ich würde es nicht verkaufen können

8 أما إنّك Wr. II § 168, Casp. § 533

» الكَيْسَ Wr. II p. 75 CD, Casp. § 400, 2, b, β

14f. Jābir was afraid that his fine bargain would be recalled; cf. IV, 7—9 — Jābir fürchtete, es würde ihm sein schöner Handel ruckgängig werden; vgl. IV, 7—9

20 في مواسم الحجّ Inserted by Ibn ʿAbbās in Sura 2: 194 — Interpoliert von Ibn ʿAbbās in Sura 2: 194

١٦, 5 خلاق *Happy lot — Glücksantheil*

١٧, 2, 6 باعه منه *He sold it to him — Er verkaufte es ihm*

6 بالوادى The name of the wādy is not known; only the fact (line 10f.) that it was three days north of Ḫaibar — Der Name des Wādy is un-

bekannt; man weiss nur, dass es drei Tage nördlich von Ḫaibar (Zeile 10f.) lag

8 خشبة Wr. II p. 121 C, Casp. § 409, 4

۱۸, 1 فلم يزل .... دأبَهما Wr. II p. 102 A, Casp. § 407

4, 9 إن كنت تعلم These words, which are present in all the recensions, are probably secondary and might better be omitted — Diese Worte, welche in allen Recensionen vorhanden sind, sind wahrscheinlich als sekundär auszuscheiden

5 قدرت عليها See the version of this tradition given by Buḫārī in another place, in the كتاب الاجارة — Siehe die Form dieses Ḥadīṯ, welche von Buḫārī an einer anderen Stelle (näml. im كتاب الاجارة) geboten wird

10 بفرق من ذرة *For a measure of durra — Um ein Mass Hirse*

20 من غدوة Wr. II p. 111 A, Casp. § 409, 1, Anmerk.

۱۹, 4 أكثر .... أقلّ Wr. II p. 77, Casp. § 400, c

20 فاتحة الكتاب The first Sura of the Koran (see below) — Die erste Sura des Korans (siehe unten)

٢٠, 1—5 Citation of authorities on the general question, whether payment should be taken for any use of the Koran — Anführung der Autoritäten in Bezug auf die allgemeine Frage, ob man für irgend welchen Gebrauch des Korans Geld nehmen darf

3 الحسن Al-Ḥasan al-Baṣrī

4 أجر القسّام The allied question of *the fee of the divider* of property for others. The Prophet is reported as having once said: إيّاكم والقُسامة *Beware of* taking *the fee of the divider* — Die verwandte Frage in Bezug auf den *Lohn des Vertheilers* (näml. desjenigen, welcher im Auftrag anderer Leute eine Vermögenstheilung macht). Der Prophet soll einmal gesagt haben: إيّاكم والقُسامة *Hütet Euch vor dem Lohn des Vertheilers*

5 الخرص *Appraisal — Abschätzung*

16 يتفل عليه Cf. Mark 7: 33, 8: 23, John 9: 6, etc.

» الحمد .... العالمين Sura 1: 1

16f. فكأنما نُشط من عقال *It was as though he had been freed from a bond — Er war als ob er von einem Bande losgemacht worden wäre*

٢٠, 17 قلبة *Illness — Krankheit*

20 ما يدريك (= ما أدْراك) *How didst thou know? — Wie wusstest du?*

٢١, 1 أنها Suffix = فاتحة الكتاب

4 كتاب الكفالة This chapter is given here entire — Das ganze Kapitel wird hier wiedergegeben

5 أبدان *Persons — Personen*

7 مصدّقا *In charge of alms — Mit den Almosen beauftragt*

» امرأته The suffix refers to رجل — Das Suffix bezieht sich auf رجل

9 صدّقهم وعذره *He believed them* in what they reported regarding this man, *but released him* from the full penalty (death by stoning) — *Er glaubte ihnen* in ihrem Bericht über diesen Mann, *aber erliess ihm* die gesetzmässige Strafe (Tod durch Steinigung)

10 في المرتدّين *In the* well known *case of the apostates* (of the Banī Ḥanīfa) — *Im* bekannten *Fall der Abtrünnigen* (von den Banī Ḥanīfa)

11 عليه Wr. II p. 169 A, Casp. § 428, 3

16 كفى بالله شهيدًا Wr. II p. 161 AD, 122 C, Casp.

§ 423, 2, c; Nöldeke, *Zur Grammatik des classischen Arabisch*, p. 76

٢١, 20 زجّج *Smoothed over* — *Ebnete*

٢٢, 15, 17 f. Sura 4: 37

18 قال ورثة Ibn A.'s explanation of موالى — Ibn A.'s Erklärung von موالى

19 دون ذوى رحمه *In the place of his own kinsfolk* — *An die Stelle von seinen eigenen Verwandten*

٢٣, 1 نسخت *It annulled* the previous regulation (viz. that which had established the „brotherhood"); cf. Sura 8: 76 — *Er* (der Vers) *annullirte* die frühere Vorschrift (nml. die, welche die „Brüderschaft" eingesetzt hatte); vgl. Sura 8: 76

» ثم قال [ابن عبّاس]

1 f. الّا النصرَ الخ Wr. II p. 336 AB, Casp. § 556, 1. *Excepting* cases of *help*, etc. (which are not inintended in the Koran passage) — *Ausgenommen* Fälle der *Hilfe*, u. s. w. (wovon in der angeführten Koranstelle nicht die Rede ist)

2 الرفادة *Assistance* — *Unterstützung*

9 مَن تكفّل ..... دينا A different case from the one supposed above, ٢١, 11 — Ein anderer Fall als der oben (٢١, 11) gesetzte

۲۳, 9 رجع *Withdrew* from the obligation — *Stand* von der Verpflichtung *ab*

9f. به قال الحسن *Al-Ḥasan* [al-Baṣrī † 110 A.H.] *taught it* as his view — *trug es* als seine Lehre *vor*

17 Al-Baḥrain on the Persian Gulf — Al-Baḥrain am persischen Golf

۲۴, 2 عهد *Lifetime* — *Lebenszeit*

» عقده Genitive after بابُ — Genitiv nach بابُ

8 طرفى النهار Wr. II p. 109 C, Casp. § 409, 1; cf. Sura 11: 116

10 برك الغماد Nomen loci

» القارة Name of a nomad tribe — Name eines Nomadenstammes

13 وصل الرحم *He made close the ties* (or performed the duties) *of blood-relationship* — *Er befestigte das Band* (oder erfüllte die Pflichte) *der Blutverwandschaft*

۲۵, 11f. فعل .... احبّ فانْ Wr. II p. 15 B, Casp. § 372

20 لابتين Vide Dozy, *Supplément aux dictionnaires arabes*, s. v. لوب

» الحرّتان The two volcanic ridges between which Medina lies — Die beiden vulkanischen Erhöhungen zwischen welchen Medina liegt

٢٦, 3 على رسلك *At thy leisure*, i. e. Do not hurry — *Nach deiner Bequemlichkeit*, d. h. Beeile dich nicht

4 بأبى انت Wr. II p. 162 A, Casp. § 423 Anm. b

8 عليه الدين Wr. II p. 318 B, Casp. § 537 unten

14 ترك شيأ *Failed to perform some part* of his trust — *Unterliess irgend einen Theil* von seiner Pflicht

٢٧, 2 أما إنّه Wr. II p. 310 B, Casp. § 533

9 [المرّة] الثالثة

11 أعلّمك Wr. II p. 37 D, Casp. § 382, 3

12 ايةَ الكرسىّ *The "Throne-verse"* — *Der "Thronvers"*, Sur. 2: 256

19 يقربّك Wr. II p. 327 B, Casp. § 546

20 كانوا *Viz*. These two promised blessings — *Näml*. diese beiden versprochenen Segen

٢٨, 1 وهو *Although he* — *Obgleich er*

8 الفتن Cf. ٢, 12 ff.

12 f. Sura 66: 4

13 إداوة *Skin vessel holding water* for *washing* — *Waschgefäss aus Häuten*

16 وا عجبى Wr. II p. 94 BD, Casp. § 366 Anm. b

19 فينزل [صاحبى]

٢٩, 1 مَعشر Wr. II p. 77 B, Casp. § 400, 2, c

٢٩, 7 Ḥafṣa was the daughter of Omar — Ḥafṣa war Omars Tochter

9 تامن, تامن مِن ان = تأْمن أن, Wr. II p. 193 C

12 أوضًا Wr. II p. 265 A, Casp. § 415

13 غسّان An Arab tribe in Syria — Ein arabischer Stamm in Syrien

19 A مشربة is a kind of غرفة or علّيّة, hence (!) the insertion of the tradition in this باب (٢٨, 4) — Die مشربة ist eine Art غرفة oder علّيّة, daher (!) die Einreihung der Tradition in dieses باب (٢٨, 4)

٣٠, 11 رِمالِ حصيرٍ *A woven* mat *of rushes* — *Eine geflochtene* Matte *aus Binsen*

12 قد اثر الرمال بجنبه *The woven work had left its traces on his side — Das Geflecht hatte seine Spuren auf seiner Seite gelassen*

14 لو رأيتنى *If thou hadst only seen me* before doing this! — *Wenn du doch mich* zuerst *gesehen hättest!*

16 فذكره I. e. ٢٩, 2 ff.

20 شيأ يردّ البصر I. e. Anything to look at — D. h. irgend etwas, worauf man schauen könnte

٣١, 1 فارس Persia — Persien

3 Cf. Sura 46: 19 etc.

۳۱, 5 ذلك الحديث The scandal regarding the slave-girl Māriya, which Ḥafṣa divulged to ʿĀ'iša, and which led to the »revelation" of Sura 66 — Der Skandal betreffend die Sklavin Māriya, welchen Ḥafṣa der ʿĀ'iša veröffentlichte, und welcher schliesslich die »Offenbarung" von Sura 66 verursachte

11 آيـة التخيير I. e. Sura 33: 28, 29. See below, line 14 — Siehe unten, Zeile 14

» أوّل Wr. II p. 112 C, Casp. § 409, 3

12 لا عليك أن لا تعجلى *It will do thee no harm* (Wr. II p. 98 C, 172 C) *not to hasten* in making reply; i. e. It would perhaps be better not to hasten — *Es wird dich nicht schaden* (Casp. § 428, 3), *dass du dich* mit der Antwort *nicht beeilst;* d. h. Es wäre vielleicht besser, dich nicht zu beeilen

13 قد اعلم *I know very well* – *Ich weiss sehr wohl.* Nöldeke, *Zur Gramm. des classischen Arabisch*, § 57, Ende. Cf. ۳۷, 12

۳۲, 2 و[بابُ] الاشهاد

7 أَما إنّى See the note on ۲۷, 2 — Siehe die Anm. zu ۲۷, 2

8 يقول N.b. imperf.; Nöldeke, *Zur Gramm.*, p. 69

٣٢, 9 f. The meter is طويل — Das Metrum ist طويل.

يا ليلةً *O*, woe to *a* certain *night!* — *O* über *eine* gewisse *Nacht!* على أنّها *Although it* — *Obgleich sie.* نجّتِ (= نجّتْ) for the sake of the rhyme — wegen des Reims

19 ابو كريب Another reporter of this tradition — Ein anderer Ueberlieferer dieser Tradition

» لم يقل حرّ I. e., he reported only the words هو لوجه الله — D. h., er überlieferte nur die Worte هو لوجه الله

٣٣, 8 يومى I. e., the day when it was my turn to have the Prophet with me — D. h., der Tag, wo der Prophet bei mir sein sollte

» وقالت امّ سلمة [للنبى صلّعم] »

14 عائشة Wr. II p. 57 B, 59 D, Casp. § 392, 1, 2 (Fussnote)

٣٤, 7 ينشدنك اللهَ (= ينشدنك بالله; cf. ٤٨, 6) Wr. II p. 339, bottom

» العدلَ Wr. II p. 75 D, Casp. § 400, 2, b

10 زينب One of the Prophet's wives; formerly wife of his adopted son Zaid — Eine der Frauen des

Propheten; früher die Frau von seinem Adoptivsohn Zaid

٣٤,11f. The *kunya* of Abu Bekr's father was Abu Quḥāfa — Die *Kunya* des Vaters von Abu Bekr war Abu Quḥāfa

16 الكلام الأخير Viz. lines 6–15 — Näml. Zeilen 6–15

٣٥, 4 الافك *The lie* (Sur. 24: 11) about ʿĀ'iša and Ṣafwān — *Die Lüge* (Sur. 24: 11) ʿĀ'iša und Ṣafwān betreffend

11 له I. e. للحديث; Wr. II p. 71 B, Casp. § 399

16 الحجاب The prescription of *the veil* for Muslim women — Die Vorschrift *des Schleiers* für muslimische Frauen. Sura 32: 53 b (cf. vs. 59)

20f. جزع اظفار *Onyx* (ظُفْر = ὄνυξ)

٣٦, 4 إذ ذاك *Then* — *Damals.* Wr. I p. 284 B

» عُلْقة *A bare sufficiency* — *Das nur zur Noth ausreichende*

9 غلبتنى Wr. II p. 293 B, Casp. § 514

10 ثمّ Wr. I p. 293 B

12 الحجاب Cf. ٣٥, 16, note

» باسترجاعه *As he was exclaiming:* إنّا لله وإنّا اليه راجعون (Sur. 2: 151) — *Als er rief:* إنّا لله وإنّا اليه راجعون (Sur. 2: 151)

٣٦,14 في نحر الظهيرة *At high noon — Am hohen Mittag*

» فهلك مَن هلك *Then the noise began!* (humorously employing words ordinarily used in speaking of a battle) — *Dann ging der Lärm los!* (mit humoristischer Benutzung von Worten, die gewöhnlich bei der Erwähnung einer Schlacht gebraucht werden

15 *Salūl* (diptote) was the mother of Abdallah — *Salūl* (diptoton) war die Mutter des Abdallah

16 اشتكيت *I was ill — Ich war krank*

19 تيكم Wr. I p. 265 A, Casp. § 338

» من ذلك I. e., من قول اصحاب الافك

20 المناصع Name of a place outside Medina — Name eines Orts ausserhalb Medina

٣٧, 2 او في التنزّه A variant reading added by the reporter of the tradition — Eine vom Ueberlieferer hinzugefügte Variante

3 تعس An imprecation — Eine Verwünschung

5 يا هَنْتَاه Vocative form of هَنَةٌ, fem. of هَنٌ, *thing* — Vocativ von هَنَةٌ, fem. des هَنٌ, *Ding.* Wr. I p. 89 C, II p. 278, BC

16f. اهله, لم ʿĀ'iša here avoids speaking of herself in

the first person — ᶜĀ'iša vermeidet hier den Gebrauch der ersten Person

٣٧, 19 لجاريةٌ Her *slave-girl* — Ihre *Sklavin*

٣٨ 1 إِنْ Wr. II p. 300 D, Casp. § 523

3 One who *naps over her dough, and the pet lamb comes and eats it up* — Eine, *die über ihren Teig einschläft, da kommt das Hauslämmchen und frisst ihn auf*

4 استعذر من عبد الله *He asked to be acquitted of blame* for his intended punishment *of Abdallah* — *Er bat, dass man ihn von Schuld* wegen seiner beabsichtigten Bestrafung *des Abdallah frei spreche*

6 اهلى I. e. ᶜĀ'iša; رجلا I. e. Ṣafwān

9ff. Abdallah ibn 'Ubaiy belonged to the Ḫazraj tribe — Abdallah ibn 'Ubaiy gehörte dem Ḫazraj Stamm

10 امرتنا ففعلنا Wr. II p. 2 A, Casp. § 367, 5

14 تجادل عن المنافقين Cf. Sur. 4: 107

15 همّوا [أن يقتتلوا]

٣٩, 6 قلص دمعى *My tears ceased flowing* — *Meine Thränen versiegten*

12 وقر *To be weighty* — *Gewichtig sein*

15f. Sur. 12: 18

15 فصبر جميل Wr. II p. 263 D, Casp. § 492, Anm.

٤٠, 3 سُرِّيَ عنه (سرو II) The distress *was taken away from him* — der Kummer *wurde von ihm weggenommen*

7 Sur. 24: 11

10 f. Sur. 24: 22

15 *I guard my hearing and my sight* (against what is false)! — *Ich hüte mein Hören und Sehen* (vor der Unwahrheit)!

٤١, 6 زمن الحديبية Year 6 A. H., when Mohammed made his unsuccessful attempt to perform the pilgrimage with his followers. Al-Ḥ. lies in a valley, about a days's journey from Mekka — Im Jahre 6 A.H., als Mohammed seinen vergeblichen Versuch machte, mit seinen Anhängern die Pilgerfahrt zu vollziehen. Al-Ḥ. liegt in einem Thale, ungefähr eine Tagereise von Mekka

8 الغميم Name of a place north of Mekka — Name eines Orts nördlich von Mekka

» طليعةً Wr. II p. 112 C, Casp. § 409, 3

11 عليهم I. e. على قريش

» حل حل *Go on! go on!* — *Wohlan! wohlan!*

12 القصواء Name of M.'s camel — Name von M.'s Kameelin

۴۱, 14 حابس الفيل Viz. on the occasion of the »Elephant Expedition" against Mekka, 570 A. D., when the hostile army was hindered, »by divine intervention", from invading the city — Näml. bei Gelegenheit des »Elephantenfeldzuges" gegen Mekka, 570 A.D., als das feindliche Heer »durch das göttliche Eingreifen" verhindert wurde, die Stadt anzugreifen

» يسألونى Subj. قريش. خطّة *Course of action — Handlungsweise*

15 حرمات الله The sacred season had already begun, and they were on the border of the sacred territory — Die heilige Zeit hatte schon angefangen, und sie befanden sich gerade an der Grenze des heiligen Gebietes

۴۲, 1 عيبةُ نصح Lit. *pouch of confidence*, i. e. trusted friends — Wörtl. *Tasche des Raths*, d. h. vertraute Freunde

3 اعداد (sing. عدّ) *Permanent springs — Immerfliessende Quellen*

» والمطافيل (sing. عائذ) العُوذ She-camels with an abundance of milk; i. e., those Quraišites came prepared for a long stay — Kameelinnen, welche viel Milch hatten; d. h., jene Quraišiten waren auf einen längeren Aufenthalt vorbereitet

٤٢, 6 مــدّة *Respite* — *Frist.* الناس The unbelievers — Die Ungläubigen

7 فانْ اظهرْ [على الناس]

8 فقد جمّوا *They will* by that time *have recovered themselves* (cf. lines 5 f.) — *Sie werden* dann *sich erholt haben* (vgl. Zeilen 5 f.)

9 سالفة *Neck* — *Hals.* حتى تنفرد سالفتى = حتى أموت

17 استنفرت الخ I. e., in order to help you — D. h., um Euch Hülfe zu leisten

18 هذا I. e. Mohammed

19 خطّة Cf. ٤١, 14

» آتيه The use of the mod. apoc., دعونى آته *Let me go to him* (Wr. II p. 37 D), would be slightly different — Der Mod. apoc., دعونى آته, *Lasset mich zu ihm gehen* (Casp. § 382, 3), würde nicht ganz dasselbe bedeuten

٤٣, 1 أرأيت *What think you?* (The true object of the verb is the whole argument following, lines 1-4) — *Was meinst du?* (Das eigentliche Object des

Verbums ist die ganze darauffolgende Erörterung, Zeilen 1—4)

۴۳, 2 اهل مكّة = قومك

3 وان تكن الاخرى I. e., if you are defeated — D. h., wenn du unterliegst

» وجوها *Chieftains* — *Häuptlinge*

4 اشوابا *Crowds* — *Volkshaufen.* Other readings are أوشابا and (better) أوباشا, *rabble* — Andere Lesearten sind أوشابا und (besser) أوباشا, *zusammengelaufenes Gesindel*

5 The goddess *Allāt* — Die Göttin *Allāt.* Sur. 53: 19

6 يد *A favor* — *Eine Wohlthat*

7 لم اجزك بها Relative clause — Relativsatz

12f. ʿUrwa was a near relative of al-Mughīra's, and had been obliged to pay for his act of treachery — ʿUrwa war ein naher Verwandter von al-Mughīra, und hatte für dessen verrätherische Gewaltthat bezahlen müssen

14 الاسلامَ ..... المالَ A case of attraction (of two kinds) — Ein Beispiel der Attraktion (zweierlei Art). Cf. Reckendorf, *Syntaktische Verhältnisse des Arabischen*, p. 794

۴۳,19f. تعظيما له Wr. II pp. 121 B, 68 D; Casp. § 409, 4, § 394

۴۴,1,3 إِنْ (neg.) Cf. ۳۸, 1

9 البدن *The animals* brought *for sacrifice* — *Die* mitgebrachten *Opferthiere*

10 يلبّون *Crying* »*Labbaika!*" (the shout of the pilgrims) — *Indem sie* »*Labbaika*"*!* (Ruf der Pilger) *riefen*

12 اشعرت *Marked* for sacrifice by a spear-thrust — *Gezeichnet* als Opfer durch einen Lanzenstich

16 معمر ۴۱, 4

۴۵, 8f. Vide ۴۱, 14 f.

11 ضغطةً *By force* — *Mit Gewalt.* Accus. adverbial.

15 اسفل مكّة The lower part of the city, where he had been imprisoned — Die Unterstadt, wo er gefangen gehalten wurde

۴۶, 8a Interrogative clause — Fragesatz

16 اعمالا Many *deeds* of penance — Viele Buss*thaten*

۴۷, 5f. Sura 60: 10

7 معاوية Caliph 40—60 A.H.

10 العهد Wr. II p. 74 B, Casp. § 400, 2

11 ذا الحليفة Nomen loci

٤٧, 14 أَنْظِرْ Wr. II p. 37 D, Casp. § 382, 3

18 Wr. II p. 4 B, Casp. § 368, Anmerk.

20 ويل امّه Here a cry of admiration. It might also be pronounced وَيْلُ أُمِّهِ; Wr. I p. 296 A — Hier ein Ausruf der Bewunderung. Möglich wäre auch die Aussprache وَيْلُ أُمِّهِ; Casp. § 366, Anmerk. c

» مسعر Wr. II p. 122 D; Nöldeke, *Zur Gramm.*, § 34

٤٨, 1 ينفلت N.b. praesens historicum

6 تناشده بالله والرحم (Cf. ٣٤, 7)

» لمّا ..... امن *Whenever he should send* to Abu Baṣīr and his fellows, ordering them to desist, *then whoever* became a Muslim and *joined him* (i.e. Mohammed) *should be safe.* لمّا instead of the more usual إلّا; Wr. II p. 340 A — *Wenn er* dem Abu Baṣīr und seinen Genossen den Befehl *ertheilte*, aufzuhören, *dann sollte ein jeder, der* nachher Muslim würde und *zu ihm* (d. h. Mohammed) *hinüberginge, sicher sein.* لمّا an der Stelle des häufigeren إلّا; Casp. § 556, Anm. b, cf. § 428 Anm.

7 ff. وهو ..... عليمًا Sura 48: 24

8 بطن مكّة I. e. al-Ḥudaibiya

٤٨, 9 الحميّة الخ Sura 48: 26

13 ff. Cf. ٤٧, 5 f.

18 f. Sura 60: 11

٤٩, 3 الثقفى (cf. ٤٧, 9, رجل من قريش) He was a *ḥalīf* of the Quraiš — Er war ein *Ḥalīf* der Quraišiten

5 الحديث I. e. ٤٧, 9—٤٨, 7

7 وقفه *He gave it* as a pious donation — *Er widmete es* als fromme Stiftung

11 احبّ (nom.) Wr. II p. 100 C

» بيرحاء Nomen loci

13 Sura 3: 86

17 او ..... مسلمة Parenthesis

٥٠, 5 مخراف (= مَخْرَفة) *Garden of palm trees* — *Palmengarten*

6 مشاعا *As an undivided inheritance* — *Als noch ungetheiltes Erbe*

13 اصلها The estate itself, as capital — Das Grundstück selber, als Kapital

14 على انه = انه

» فى الفقراء Connect with فتصدّق — Zu verbinden mit فتصدّق

٥١, 12 رجلا ..... ليحمل I. e. for the holy war — D. h. für den heiligen Krieg

13 أنّ الرجل = انه

20f. تحت عبادة *The wife of ʿUbāda* — *Die Frau des ʿUbāda*

٥٢, 13 يحار Med. ى

14a The interpretation of Sur. 44: 54, 52: 20 — Erklärung von Sur. 44: 54, 52: 20

16 f. ما من عبد ..... يسرّه أن يرجع *There is no servant* of God ..... *whom it could rejoice to return* etc. — *Es giebt keinen Diener* Gottes, *dem es freuen könnte, zurückzukehren* u. s. w.

20 غَدْوة Nomen unitatis. *A single morning* — *Ein einziger Morgen*

٥٣, 1f. موضع قيدة Possibly an old error for م' قدّة. *The space* (of Paradise) which could be covered by *his whip* — Vielleicht alter Schreibfehler für م' قدّة. *Die Strecke* (des Paradies), welche *von seiner Peitsche* gedeckt werden könnte

3 بينهما Between heaven and earth — Zwischen Himmel und Erde

4 نَصيف = צָנִיף, *Turban*

٥٣, 5f. Sura 33: 23

12 انكشف *Were put to flight — Wurden in die Flucht getrieben*

15 الجَنّة Wr. II p. 76 C, Casp. § 400, 2

» النضر His father — Sein Vater

19 او نطَق A variant in the tradition — Eine Variante in der Ueberlieferung

٥٤, 17 Suffix ها = بركات الارض وزهرة الدنيا = ها

18 *Shall then the good* (i. e. wealth) *bring evil?* — Sollte denn das Gute (d. h. Reichthum) *Böses herbeiführen?*

19 كأنّ ..... الطير Figure taken from fowling — Metapher aus dem Vogelfang

٥٥, 1 المال = هو

» These words he repeated *three* times — Diese Worte wiederholte er *drei*mal

1ff. As the herbivorous animal can eat noxious herbs without harm, so he who uses the riches of this world aright is not injured by them — Wie das kräuterfressende Thier schädliche Gewächse ohne Nachtheil fressen kann, so derjenige, welcher die Reichthümer dieser Welt auf rechter Weise gebraucht, nimmt von ihnen keinen Schaden

٥٥, 1 ff. For the text here, see the Introduction

2 حبطا *With swelling up* of the belly — *Mit Anschwellen* des Bauches

3 خاصرتاها *Its flanks* — *Seine Weichen*

4 خصرة Nomen unitatis

» نعم صد' الم' *How excellent a helper it* (المال) *is for the Muslim!* — *Welch ein vorzüglicher Helfer es* (المال) *ist für den Muslim!*

16 *I made my way toward the voice* — *Ich ging nach der Stimme hin*

18 لامك الويل Cf. ٤٧, 20

٥٦, 3 نَعايا Plur. of the infin. نَعِيٌ, *proclamation of death* — Plur. des Infin. نَعِيٌ, *Todeskunde*

6 f. *Who is* the man *for* (the removal of) *Ka*ᶜ*b?* — *Wer ist* der Mann *für* (die Fortschaffung des) *Ka*ᶜ*b?*

12 دار الاسلام = regio imperio muhammedano subdita; دار الحرب = terra infidelium

14 عين *A spy* — *Ein Spion*

16 f. اهل الذمة The tribute-paying *clients* of the Mohammedans (especially Jews and Christians) — Die tributpflichtigen *Klienten* der Mohammedaner (besonders Juden und Christen)

19 f. The last words of ᶜUmar ibn al-Ḫaṭṭāb in regard

to his successor — Die letzten Worte des ʿOmar ibn al-Ḫaṭṭāb in betreff seines Nachfolgers

٥٩, 20 يكلّفوا I. e., in the payment of tribute — D. h., in der Bezahlung des Tributs

٥٧, 1 Paragraph-heading without the accompanying ḥadīṯ; see the Introduction. In this case, however, it is the *second* title (هل يستشفع لخ) that is superfluous; the ḥadīṯ does not belong to it, but to the bāb جوائز الوفد (see line ٩) — Paragraphenüberschrift ohne das dazugehörende Ḥadīṯ; siehe die Introduction. In diesem Falle, jedoch, ist es der *zweite* Titel (هل يستشفع الخ), welcher überflüssig ist; das angeführte Ḥadīṯ gehört nicht dazu, sondern zu dem Bāb جوائز الوفد (siehe Zeile ٩)

» جوائز *Presents* — *Geschenke*

» و[بابٌ] معاملتهم

4 خضب *Moistened* — *Benetzte*

5 يوم الخميس The day of the Prophets's greatest suffering, four days before his death — Der Tag der schwersten Leiden des Propheten, vier Tage vor seinem Tode

» كتاب *Writing materials* — *Schreibzeug*

٥٧, 6f. فتنازعوا ..... تنازع The words of the Prophet — Die Worte des Propheten

7 هجر The Prophet *is talking in delirium* — Der Prophet *faselt*

9 جزيرة العرب Properly the whole Arabian peninsula; although this command is commonly regarded as binding only for the Ḥijāz — Eigentlich die ganze arabische Halbinsel; obwohl dieser Befehl gewöhnlich als gültig nur in Bezug auf das Ḥijāz betrachtet wird

12 العرج A place between Medina and Mekka, on the eastern boundary of the Tihāma (the latter being distinguished from the Ḥijāz) — Ortschaft zwischen Medina und Mekka, am östlichen Rand der Tihāma (indem zwischen letzterer und dem Ḥijāz unterschieden wird)

٥٨, 3 سرغ Nomen loci

12 مهاجرة الفتح Those who migrated to Medina after the capture of Mekka — Diejenigen, welche nach der Einnahme von Mekka nach Medina übersiedelten

14 صبّح *He made an early start — Er machte sich früh auf den Weg*

٥٨,14 f. *On the back* of my riding-beast — *Auf dem Rücken* meines Reitthieres

15 فرارًا Wr. II p. 114 CD, Casp. § 409, 3, Anm., unten; Nöldeke, *Zur Gramm.*, § 28

17 أرايت Cf. ٤٣, 1, note

٥٩, 2 بالوباء = به

4—12 Sur. 2: 96, 20: 72, 21: 3, 20: 69, 113: 4

٦٠, 2 ذكر ..... جفّ *Spathe* („envelope of the flower-cluster") *of a male palm* — *Scheideblatt* („Umschlag der Rispe") *einer männlichen Palme*

6 عافانى الله *God has made me recover* (from the sorcery) — *Gott hat mich wieder gesund gemacht* (nach der Zauberei)

7 بالبئر = بها

8 دية *Price of blood* — *Blutgeld*

9 القسامة The prescribed (fifty-fold) *oath* taken by the plaintiff in the trial for blood-guilt — Der vorgeschriebene (fünfzigfache) *Eidschwur*, welcher vom Kläger im Blutprocess geleistet wird. Cf. Sachau, *Muhammedanisches Recht*, p. 798 ff.

9 f. Either *your two witnesses* (cf. Sura 2: 282 middle) must be brought, *or else his oath* of innocence

must be allowed — Entweder müssen *deine beiden Zeugen* (vgl. Sura 2: 282 Mitte) herbeigeschafft *oder* muss *sein Eid* der Unschuld zugelassen werden

٦٠, 10 بها = بالقسامة. The question is: In the absence of proof, shall the accused be delivered up to his accusers (i. e., to those who have the right to the price of blood) solely on the ground of a قسامة taken by them? — Die Frage ist: Bei Mangel an Beweis, soll der Angeklagte seinen Anklägern (d. h. den Inhabern des Blutrechts) einfach auf Grund einer von ihnen geleisteten قسامة ausgeliefert werden?

10f. Muʿāwiya ibn Abī Sufyān, Caliph 40—60 A. H.; ʿUmar ibn ʿAbd al-ʿAzīz, Caliph 99—101 A. H.

20 الكبر I. e., Let the oldest (الأكبر) of you speak! Wr. II p. 75 D — D. h., Lasset den Aeltesten (الأكبر) von Euch reden! Casp. § 400, 2, b

٦١, 1 *Then they may swear* to their innocence (which would end the matter) — *Also dürfen sie den Schwur* der Unschuld *leisten* (was das Ende der Sache sein würde)

2 الصدقة *The assessment for the poor — Die Armensteuer*

٦١, 9 أرايتَ Cf. ٤٣, 1, Note

14 فقتلُ I. e. by order of the Prophet — D. h. auf Befehl des Propheten

18 عكل Name of a clan — Name eines Stammes

٦٢, 8 إن (neg.) Cf. ٣٨, 1, note

9 على وجهه *Exactly* — *Genau*

10 ما عاش Wr. II p. 17 C, Casp. § 373

11 في هذا *In this* (following) tradition — *In dieser* (folgenden) Ueberlieferung

16 او ترون A variant reading — Eine Variante

18 نَفْل *Oath* — *Eid*

20 بأيمان خ' I. e. بالقسامة

» ما كنّا ل' Cf. ٩, 4 note

20f. *From his* (the Prophet's) *own* property — *Aus seinem* (des Propheten) *eigenen* Vermögen

٦٣, 2 طرق I. e. as a thief — D. h. als Dieb

» البطحاء The valley of Mekka — Das Thal von Mekka

3 اليمانى Wr. I p. 154 A, Casp. § 255 Anmerk. b

4 فقال [اليمانى] ..... فقال [عمرُ]

١٢٣, 7a Because he feared the consequences of a false oath — Da er sich vor den Folgen eines falschen Eides fürchtete

7 فدفعه Subj. Omar; obj. اليمانى

9 نخلة Nomen loci

12 ʿAbd al-Malik, Caliph 64—86 A. H.

www.ingramcontent.com/pod-product-compliance
Lightning Source LLC
Chambersburg PA
CBHW071138090426
42736CB00012B/2150
9781606087510